河南师范大学学术专著出版基金、

河南省社会工作与社会治理软科学研究基地、

河南省青少年问题研究中心、

河南师范大学校优势特色学科资助。

薛君 著

生育政策调整与
基础养老金收支平衡

A Study on the Influence of Fertility
Policy Adjustment on Basic Pension Balance

上海三联书店

内容提要

在生育政策调整的背景下,本研究利用年龄-孩次递进模型按高、中、低三方案测算生育政策调整下生育水平,然后通过二孩生育时间分布模式与释放进度和参照不同学者的研究结论,在联合国人口司公布中国总和生育率变动模式的基础上设定假定生育政策不调整和生育政策调整下可能的低、中、高三方案总和生育率参数,并采用联合国人口司关于中国 2015 年分性别 1 岁年龄组人口数据作为起始年份人口,在一定的参数假定下,利用队列分要素法预测未来我国人口年龄结构的变动趋势,并在城镇化率、就业率、参保率等参数基础上测算出城镇职工养老保险制度覆盖下人口变动趋势。主要结论如下:

生育政策调整下总和生育率的反弹增加了预测期内劳动年龄人口人数,缓解了其下降的趋势;从总抚养比波动趋势可以得出,生育政策调整的初期是增加了社会的抚养负担,2057 年后才能有效地缓解社会的抚养负担,但并不能逆转其上升的趋势;从老年人口规模来看,生育政策调整不但不能降低未来的老年人口规模,反而会增加 60年后老年人口的规模;从人口年龄结构变动趋势可以看出与维持原有生育政策不变下的老龄化进程相比,生育政策调整大大降低了未来老年人口的抚养比,即对比维持生育政策不变与生育政策调整方案下的60+和65+抚养比预测结果可以看出,2100年抚养比分别下降0.45和0.32,因此生育政策调整是有助于缓解人口老龄化进程的。

利用学界有关研究成果,在生育水平维度对包括"单独二孩"和"全面两孩"在内的生育政策调整进行了评估,得出不管是实际生育数据,或者基于生育意愿推测出一定时期内的生育水平,还是国内外人口转变规律都支持生育政策调整"遇冷"的结论,而生育政策的"遇冷"从另一方面说明了家庭意愿生育水平的内部约束正在逐步取代国家计划生育的外部控制,成为影响我国未来生育水平的关键因素。最后利用适度生育水平的判断标准,基于本书和不同学者关于未来生育水平的预测结果和2016年实际生育数据,得出全面放开的生育政策对促进人口自身长期均衡发展和人口与经济社会、资源环境协调可持续发展具有积极意义的结论。

生育政策调整下的养老保险制度长期收支平衡精算模型的构建是建立在对未来人口结构、未来工资和利率预测基础上,因此可以按照人口模块、经济模块、收入模块和给付模块四个相互联系的精算模块,在相关参数设定与假设前提下,构建生育政策调整下的基础养老金收支平衡精算模型。再根据生育政策调整不同方案的城镇参保职工人数和退休职工人数预测结果,按照生育政策不变方案、生育政策调整下生育率"低方案""中方案"和"高方案"测算得出未来75年基础养老金的年度收支变动状况。具体研究结论如下:

生育政策调整"低""中""高"方案征缴收入增长幅度相对于基准方案显著不同。生育政策调整可以增加基础养老金的收入,改善增长停止甚至下降的趋势,从而改善基金的财务状况;生育政策调整增加基础养老金的支出,只不过这种影响要在60年之后,意味着基础养老金财务风险的往后延迟;政策调整方案下基金年度收支余额相对于基准方案显著不同。

不同方案下收支缺口存在一定的波动,这是由于预测期内总人口年龄结构的波动引起的,不同生育率方案相对基准方案只是加大了缺口波动的幅度。生育政策调整缓解了基础养老金的年度缺口,生育率越高的方案,缓解程度越高,但逆转不了收支缺口逐步加大的趋势;相对于不同方案下基础养老金年度余额波动下降的变化趋势,累计余额是平滑抛物线式下降,生育政策调整改善了基础养老金的财务状况,生育率越高的方案,改善程度越高,但也逆转不了累计缺口逐步加大的趋势。

从养老保险制度收支模型得出未来75年基础养老金的年度收支变动状况,可以看出基础养老金已经出现了收不抵支,且呈现逐年扩大的趋势。分析基金收支失衡的原因主要为制度设计缺陷,即行政管理缺乏效率,以及人口年龄结构老化的外部影响。整合相应研究结论,得出可以从调整基本养老保险的相关参数,即改革制度结构,调整相关参数,建立有效子制度,提高管理效率和化解转轨成本五个方面来降低基本养老保险的制度成本,促进基本养老保险的可持续性发展。

目 录

1

绪 论

1.1 研究背景

十八大报告提出社会保障制度建设要以可持续性为重点。《十三五规划纲要》[1]也提出建立更可持续的社会保障制度。因此"可持续性"将是我国社会保障制度建设的重中之重。华建敏也提出"可持续性"是我国养老金制度的第一命题。[2] 十八届三中全会通过的《中共中央关于全面深化改革若干重大问题的决定》首次指出基本养老保险制度需坚持精算平衡原则。[3] 欧盟委员会[4]指出保证养老金可持续的三大原则为：待遇充足性、财务可持续性和变化适应性。世界银行[5]

---

① 新华社. 十三五规划纲要发布（全文）[EB/OL]. 凤凰网, 2016. 03. 17[引用日期 2016. 03. 18], http://news. ifeng. com/a/20160317/47926128_2. shtml.

② 可持续性是中国养老金制度的"第一命题"[N]. 中国证券报, 2011. 12. 26, A18 版.

③ 中共中央关于全面深化改革若干重大问题的决定[EB/OL]. 中国政府网, 2005. 11. 15[引用日期 2016. 03. 12], http://www. gov. cn/jrzg/2013-11/15/content_2528179. htm.

④ European Commission. *Green Paper，Towards Adequate，Sustainable and Safe European Pension Systems，Brussels*［M］. Luxembourg：Publications Office of the European Union，2010.

⑤ World Bank. *Averting the Old Age Crisis；Policies to Protect the Old and Promote Growth*［M］. New York：Oxford University Press，1994，pp. 38 - 164.

的研究报告指出养老金制度的基本目标是能够提供可持续退休收入。[①] 王晓军[②]认为,可持续的养老金体系是指在老龄化和长寿等风险下应该有充足的经济资源能够提供充足的养老金待遇。郑秉文[③]认为养老金制度的可持续性与制度收支平衡有关,制度的收支平衡是制度可持续性的保证。因此,关注养老金可持续性问题就是关注养老金收支平衡问题。

人口老龄化和转轨成本是中国养老金制度可持续性发展需面临的两大难题。邓大松[④]认为转轨成本并非是新制度的结果,而且新制度下的职工也没有义务清偿因转轨成本而形成的隐性债务,转轨成本只能由新制度之外的其他措施来解决,因此在养老社会保险收支平衡精算中应不考虑转轨成本。马骏[⑤]认为转轨成本是短中期内养老金缺口的主要来源,但这一因素的重要性将随着"老人"和"中人"人数的逐步减少而下降。从长期来看,包含人口结构老龄化所引起的养老金收支群体规模的相对变化,逐渐成为养老金收支平衡的主要影响因素。总结以上学者的观点可得出,中国人口年龄结构的老化将会对养老金可持续性造成巨大的压力,而人口老龄化又与生育率有关,生育率又与生育政策调整有关。2013 年 11 月 15 日,党的十八届三中全会决议启动"单独二孩"政策。2015 年 10 月 29 日,党的十八届五中全会明确提出"全面两孩"政策。包括"单独二孩"和"全

① Holzmann, Robert and Richard Hinz. *Old-Age Income Support in the 21st Century: An International Perspective on Pension Systems and Reform* [M]. Washington, D. C: World Bank, 2005, pp. 55 - 58.

② 王晓军,任文东. 我国养老保险的财务可持续性研究[J]. 保险研究,2013(4):118—123.

③ 尼古拉斯·巴尔,彼得·德蒙德. 养老金改革:理论精要[M]. 北京:中国劳动社会保障出版社,2013:286—287.

④ 邓大松,刘昌平. 中国养老社会保险基金敏感性实证研究[J]. 经济科学,2001(6):13—20.

⑤ 马骏. 中国国家资产负债表研究[M]. 北京:社会科学文献出版社,2012:198—247.

面两孩"在内的生育政策调整影响着未来中国人口年龄结构的变化，进而影响养老金收支平衡中包括制度赡养率等因素的变化，从而最终影响养老金制度的可持续性。

生育政策的调整是党中央关于人口政策的重大调整，其影响深远，从养老金可持续性来看，生育政策调整会通过人口年龄结构改变影响养老金收支平衡，进而影响制度的可持续性。本研究关注的养老金制度主要为现行占主体地位的城镇职工养老保险制度[①]，从其财务制度来看，城镇职工养老保险是统账结合的财务制度，即包含基金积累制的个人账户与现收现付制的统筹账户。从可持续性分析来看，基金积累制的个人账户管理目标就是收支平衡，其制度设计决定它精算中性[②]，个人账户缴费水平事先确定，给付水平由缴费水平及其投资回报率等因素决定，计划在任何时期的债务等于缴费累积额，在短期和长期内均没有财务上的收支不平衡问题[③]。而以现收现付为特征的统筹账户会受到人口年龄结构变动等因素的影响[④]，统筹账户养老金积累又称之为基础养老金[⑤]。因此生育政策调整对城镇职工养老保险制度收支平衡影响分析主要是指生育政策调整对城镇职工基础养老金收支平衡的影响分析。

1.2 文献综述

围绕生育水平与养老金收支平衡方面的研究，大致可分为养老

① 李珍. 社会保障理论(第二版)[M]. 北京：中国劳动与社会保障出版社，2007：173.
② 邓大松，刘昌平. 中国养老社会保险基金敏感性实证研究[J]. 经济科学，2001(6)：13—20.
③ 王燕，徐滇庆，王直，翟凡. 中国养老金隐性债务、转轨成本、改革方式及其影响——可计算一般均衡分析[J]. 经济研究，2001(5)：3—10.
④ 何平. 中国养老保险基金测算报告[J]. 社会保障制度，2001(3)：3—9.
⑤ 殷俊，黄蓉. 人口老龄化视角下的基础养老金长期精算平衡研究[J]. 统计与决策，2013(13)：164.

金当期收支平衡分析及其影响因素,养老金未来可持续性发展预测和生育水平的变化对养老金收支平衡的影响,因此,本书将围绕这些方面对相关文献进行梳理。

1.2.1 城镇职工养老保险收支平衡的相关研究

养老金的可持续性既与当期的基金收支平衡有关,也与养老金未来的隐形债务有关,而未来的隐形债务是指养老金账户积累的未来养老金权益,即积累的未来养老金收支缺口。因此,有关城镇职工养老保险收支平衡的相关研究可分为城镇职工养老保险基金当期收支情况分析和基金未来收支预测研究。

(1)城镇职工养老保险基金当期收支情况

对于缴费型制度,如果年度总收入大于总支出,即当期余额净现值为正,俗称"黑"字;如果年度总支出大于总收入,即当期余额净现值为负,存在缺口,出现"赤"字。根据历年的《人力资源和社会保障事业发展统计公报》可以分析出养老保险基金当期收支的变动趋势。

在收支之前,需说明基金收入包括正常缴费收入、非正常缴费收入①、财政补贴和利息收入,而支出包括基本养老金支出、转移支出、丧葬抚恤补助和其他支出等项目。其中,基本养老金支出占据绝大份额。② 年报的数据显示,收入减支出的当期结余和累计结余的增长率都呈现逐年下降的趋势。从城镇职工基本养老保险制度本身收支平衡设计的角度看,财政补贴收入是制度外生变量,应从基金结余中

---

① 非正常缴费包括补缴、预缴、清理历史欠债和其他。补缴的对象主要是那些达到法定退休年龄但不符合按月领取基本养老金条件的断保人员、灵活就业人员、未参保人员和低收入群体,对其采取一次性优惠补缴政策,补缴可提高当期的制度收入,但增加了未来的支付风险,具体见《养老金改革:理论精要》第301页分析。非正常缴费的下降通常意味着征缴管理工作的改善。

② 以2010和2011年为例,全国养老保险支出分别为10555亿元和12765亿元,而基本养老金支出分别为10294亿元和12539亿元,分别占总支出的97.5%和98.2%,说明除少量其他开支外,养老保险基金几乎全部用于待遇发放。

剔除,当期基金结余扣除财政补贴历年的结余额,2013 年出现显著下降,2014 年出现"赤"字。因此可以看出城镇职工基本养老保险基金当期收支失衡的风险被财政补贴所掩盖,剔除财政补贴后的城镇职工基本养老保险基金当期收支已经失衡。

表 1-1 2005—2015 年我国基本养老保险收支变动情况 单位:亿元

年份	基金收入	征缴收入	财政补贴收入	基金支出	当期结余	累积结余	累计结余增长率(%)	当期扣除财政补贴结余
2005	5093	4312	651	4040	1053	4041	35.83	272
2006	6310	5212	971	4897	1413	5489	35.83	315
2007	7834	6494	1157	5965	1869	7391	34.65	529
2008	9740	8016	1437	7390	2350	9931	34.37	626
2009	11491	9534	1646	8894	2597	12526	26.13	640
2010	13420	11110	1954	10555	2865	15365	22.66	555
2011	16895	13956	2272	12765	4130	19497	26.89	1191
2012	20001	16467	2648	15562	4439	23941	22.79	905
2013	22680	18634	3019	18470	4210	28269	18.08	164
2014	25310	20434	3548	21755	3555	31800	12.49	−1321
2015	29341	23016	4716	25813	3528	35345	11.15	−1188

数据来源:历年人力资源和社会保障事业发展统计公报。

郑秉文在历年的《中国养老金发展报告》中,对每年的城镇职工养老保险基金当期收支平衡有着详尽的研究,从其研究结论可以看出,当期养老保险收支平衡正面临越来越严重的压力。如:《中国养老金发展报告 2014》[1]中指出,"2013 年基本养老保险基金各项主要指标增速普遍下滑,特别是当期结余比上一年减少了 200 多亿元,且备付月数也比上一年减少了 0.10 个月,种种迹象表明城镇职工基本养老保险基金运行压力越来越大";《中国养老金发

---

① 郑秉文. 中国养老金发展报告 2014——向名义账户制转型[M]. 北京:经济管理出版社,2014:51—84.

展报告 2015》[①]中指出,"2014 年城镇职工基本养老保险基金征缴收入增速放缓,而基金支出仍然以较快速度增长,当期结余大幅减少,备付月数继续下降,支出收入比继续上升,基金运行拐点已经出现";《中国养老金发展报告 2016》[②]中指出,"2015 年虽然政府加大了对城镇职工基本养老保险的财政支持,推动了基本养老保险基金收入增长,但是,城镇职工基本养老保险支出以更快的速度增长,支出增速快于收入增速,基本养老保险基金当期结余继续减少,大部分省份2015 年当期结余状况恶化,特别是收不抵支省份比上一年增加了 4 个,共达到 10 个,基金支付能力继续下降。"

总体来看,城镇职工养老保险基金已经出现收不抵支的情况,而且随着我国人口年龄结构的转变,人口老龄化程度的深度发展,劳动年龄人口不断下降,以及少子化导致劳动力潜在供给能力减弱等收支平衡外生变量的负面影响,城镇职工养老保险收支失衡的风险将会越来越大。

(2) 城镇职工养老保险基金未来收支预测研究

城镇职工养老保险基金未来收支是指政府的养老金承诺会影响未来收支成本。郑秉文[③]认为现收现付制下才会有收支缺口,即现收现付制下政府根据立法承诺未来养老金权益的贴现值减去养老金资产余额的净值。罗伯特·霍尔茨曼[④](Robert Holzmann)认

---

① 郑秉文.中国养老金发展报告 2015——"第三支柱"商业养老保险顶层设计[M].北京:经济管理出版社,2015:54—83.

② 郑秉文.中国养老金发展报告 2016——"第二支柱"年金制度全面深化改革[M].北京:经济管理出版社,2016:59—86.

③ 尼古拉斯·巴尔,彼得·德蒙德.养老金改革:理论精要[M].北京:中国劳动社会保障出版社,2013:298.

④ Robert Holzmann, Robert Palacios and Asta Zciniene, Implicit Pension Debt: Issues, Measurement and Scope in International Perspective, Social Protection Discussion Paper Series No. 0403 [J]. *Social Protection Unit*, *Human Development Network*, the Word Bank, March 2004.

为养老金未来收支测算是非常必要的,它有利于宏观经济分析和政策制度,有利于养老金制度改革的启动,有利于对养老金改革的评估。

下文选取城镇职工养老保险未来收支平衡测算研究中具有一定代表性的成果进行对比分析,阐述各自研究结论的异同之处。

表 1-2 城镇职工养老保险收支平衡测算结果对比分析

	测算时间	基金积累
王燕①等	1996—2050	2010 年养老保险基金年度结余出现缺口,2010 年累积结余出现缺口,2050 年,累积缺口达 10273 万亿。
李珍②	2000	中国基本养老保险的隐形债务大约 1 万亿,相当于 1993 年 GDP 的 30%。
王晓军③	2000—2050	2025 年基础养老金首次出现缺口,2050 年年度缺口将达到 1.30 万亿,累计负债将达到 16.64 万亿。
劳动和社会保障部中国养老保险基金测算课题组④	2001—2050	2001—2050 年内,基础养老金年均缺口 717 亿,总缺口 1.8 万亿。
社会保险研究所⑤	2004—2033	2032 年基础养老金年总缺口 6.56 万亿。

① Yan Wang, Dianqing Xu, Zhi Wang, Fan Zhai1Options and impact of China's pension reform: a computable general equilibrium analysis [J]. *Journal of Comparative Economics*, 2004,32: 105 - 1271.
② 李珍. 与其"明债暗偿"不如"明债明偿"[J]. 中国社会保障,2000(5): 15—17.
③ 王晓军. 中国养老金制度及其精算评价[M]. 北京:经济科学出版社,2000: 168—186.
④ 劳动和社会保障部中国养老保险基金测算课题组. 中国养老保险基金测算报告[J]. 社会保险研究,2001(5): 3—21.
⑤ 李绍光. 深化社会保障改革的经济学分析[M]. 北京:中国人民大学出版社,2006: 110—120.

	测算时间	基金积累
世界银行①	2005	2000 年中国养老金隐性债务相当于 GDP 的 95%；2002 年隐性债务 1.6 万亿美元，占当年 GDP 的 111%；总之在 1%、2%和 3%贴现率下未来的隐形债务都会超过 GDP 的 100%。
于洪等②	2010—2050	2038 年养老保险基金年度结余出现缺口，2042 年累积结余出现缺口，2050 年，累积缺口达 179.8 万亿。
王晓军等③	2010—2060	2010 年累计结余 1.5 万亿，2035 年养老保险基金年度结余出现 1.3 万亿缺口，2040 年累积结余消耗殆尽，2060 年年度缺口达 67.3 万亿，累计缺口达 148 万亿。
马骏④	2011—2050	养老保险总缺口 2020 年达 0.2 万亿，2025 年达 1.2 万亿，2030 年达 4.0 万亿，2040 年达 20.5 万亿，2050 年达 66.7 万亿。
殷俊等⑤	2011	2030 年基础养老金年度结余出现缺口（55 岁退休）；2044 年基础养老金年度结余出现缺口（60 岁退休）；2055 年基础养老金年度结余出现缺口（65 岁退休）。
郑秉文⑥	2012	基础养老金精算应计负债为 83 万亿，扣除 2012 年底基金余额－0.6 万亿，隐形负债为 83.6 万亿元，占 2012 年 GDP 的比率为 161%。

① Yvonne Sin, China Pension Liabilities and Reform Options for Old Age Insurance, Working Paper Series, Paper No, 2005 - 1 [J]. The World Bank, Washington DC, USA, May 2005, p.30.

② 于洪，钟和卿. 中国基本养老保险制度可持续运行能力分析——来自三种模拟条件的测算[J]. 财经研究，2009(9)：26—34.

③ 王晓军，任文东. 我国养老保险的财务可持续性研究[J]. 保险研究，2013(4)：118—126.

④ 马骏. 中国国家资产负债表研究[M]. 北京：社会科学文献出版社，2012：198—247.

⑤ 殷俊，黄蓉. 人口老龄化视角下的基础养老金长期精算平衡研究[J]. 统计与决策，2013(13)：164—166.

⑥ 郑秉文. 中国养老金发展报告 2014——向名义账户制转型[M]. 北京：经济管理出版社，2014：192—194.

1. 不同的学者测算结果的相似性

不同学者对城镇职工养老保险未来收支平衡测算研究得出了比较一致的结论,即现行的制度下,在其预测期内城镇职工养老保险或早或晚都会出现年度收支缺口和累计收支缺口,也就是会出现收支失衡、养老保险自身的财务不可持续情况。有的学者基于这一结论,模拟了不同的政策调整可能产生的影响,其中最为普遍的政策调整就是退休年龄的变动,其对收支平衡的影响分析为本研究提供一定的借鉴。

2. 不同的学者测算结果的差异性

从不同学者关于城镇职工养老保险未来收支平衡测算结果对比分析中可以看出,不管是年度收支缺口还是累计收支缺口,不管是首次出现缺口的年度还是累计收支缺口的额度都存在较大的差异。形成差异的原因是多方面的:一是预测的起止年份和所使用的基础数据的差异;二是对测算模型的相关参数假设的差异;三是测算模型的差异。可以说现行的有关城镇职工养老保险收支平衡测算研究还未能取得较为一致的结论。

因此有必要对城镇职工养老保险未来收支平衡进行进一步研究,特别是生育政策调整所带来的生育率的变化、人口年龄结构的变化,具体到养老保险制度就是制度赡养率的变化对收支平衡产生了重要的影响,故有必要在前人研究的基础上选择恰当的模型,基于更为准确的数据和更为贴合实际的修正参数假设,在生育政策调整的背景下对关系到养老保险制度可持续发展的收支平衡进行更为准确的测算分析。

1.2.2 城镇职工养老保险收支平衡影响因素的研究

一般来说,影响养老保险收支平衡的因素有很多,为了简化分析,可以把相关因素分为制度外生因素和制度内生因素[①],制度外生

---

① 李珍. 社会保障理论(第二版)[M]. 北京:中国劳动与社会保障出版社,2007:167.

因素是指由制度外变量决定，不能通过养老保险制度来改变的，又对养老保险收支平衡产生影响的因素，包括转轨成本与隐性债务和生育政策调整与人口老龄化；制度内生因素是指由制度本身决定，对养老保险收支平衡产生影响的因素，包括退休年龄与延迟退休、覆盖范围与参保率和缴费与计发办法。

（1）制度外生因素

1. 转轨成本与隐性债务

养老保险制度改革所产生的为"老人"和"中人"支付的基本养老金和过渡性养老金形成的养老保险隐性债务可以理解为由完全现收现付制向统账结合转轨积累的一部分养老金权益。[①] 邓大松认为新制度下的职工没有义务清偿因养老保险制度改革形成的隐性债务，转轨成本应该由新制度之外措施来解决，因此在养老社会保险收支平衡测算中不考虑转轨成本。[②] 《中华人民共和国社会保险法》第十三条规定，……视同缴费年限期间应当缴纳的基本养老保险费由政府承担。[③] 马骏认为转轨成本是短中期内养老金缺口的主要来源，但这一因素的重要性将随着"老人"和"中人"人数的逐步减少而下降。[④] 世界银行预测 2030 年"老人"养老金支付将为"0.0"。所以从长期来看，包含人口结构老龄化所引起的养老金收支群体现模的相对变化，将逐渐成为养老保险收支平衡的主要影响因素。[⑤]

① 贾康,张晓云,王敏,段学仲. 关于中国养老金隐性债务的研究[J]. 财贸经济,2007(9)：17.

② 邓大松,刘昌平. 中国养老社会保险基金敏感性实证研究[J]. 经济科学,2001(6)：13—20.

③ 中华人民共和国社会保险法[EB/OL]. 中央政府网,2010. 10. 28[引用日期 2016. 03. 12],http://www. gov. cn/zxft/ft209/content_1748773. htm.

④ 马骏. 中国国家资产负债表研究[M]. 北京：社会科学文献出版社,2012：198—247.

⑤ 李绍光. 深化社会保障改革的经济学分析[M]. 北京：中国人民大学出版社,2006：110—120.

2. 人口老龄化与生育政策调整

胡晓义认为现行养老保险制度面临着人口老龄化的挑战,中国人口老龄化有"来得早""来得快"和"持续长"特点,会对养老金制度造成沉重的负担。[①] 从养老保险收支平衡数理分析来看,基础养老金的现收现付制是一代人供养另一代人的制度,供款一代人与领款一代人的比例为赡养率,而赡养率的变动受人口年龄结构变动的影响。随着人口出生率下降、经济发展水平和医疗保健水平提高下不断延长人均寿命,对养老保险制度而言,随着人口老龄化不断提高,制度赡养率成为影响养老保险收支平衡的重要因素。

影响人口老龄化重要因素之一就是生育率的变化,而生育率的变化又与生育政策调整相关。包括 2013 年 11 月 15 日"单独二孩"政策与 2015 年 10 月 29 日"全面两孩"政策在内的生育政策调整影响着未来生育率的变化,进而影响中国人口年龄结构的变化。张鹏飞、陶纪坤通过构建城镇职工基本养老保险收入和支出模型,以分析全面两孩政策下 2016—2100 年基本养老金收支平衡情况。研究结果显示当二孩生育比例处于 10%—30%之间时,其缴费率可下降到14.44%—17.75%;当处于 50%—70%之间时,其缴费率可下降到 10.36%—12.10%;当处于 90%—100%之间时,其缴费率可下降到8.44%—9.01%。其认为生育二孩的夫妇越多,越往后推迟养老统筹基金开始出现收支失衡的年份,缩小支出大于收入的年份区间,增加养老统筹基金的累计结余。并得出"全面两孩"政策能够改善我国养老保险统筹账户的财务关系,缓解养老保险统筹基金收支失衡的压力。[②]

马骏认为准确地预测生育政策调整下未来人口规模和年龄结构

① 胡晓义.走向和谐:中国社会保障发展 60 年[M].北京:中国劳动与社会保障出版社,2009:131.
② 张鹏飞,陶纪坤.全面二孩政策对城镇职工基本养老保险收支的影响[J].人口与经济,2017(1):104—115.

是研究分析城镇职工养老金收支平衡的基础。从目前情况看,中国人口老龄化将从根本上降低养老保险的缴费人口与领取人口的相对比例,进而可能导致养老保险的支付危机。[①]

（2）制度内生因素

1. 退休年龄与延迟退休

1951 年《劳动保险条例》对退休条件和待遇作了具体的规定,其中规定退休条件为一般职工,男年满 60 周岁,女年满 50 周岁。1955 年《关于颁布国家机关工作人员退休、退职、病假期间待遇等暂行办法和计算工作年限暂行规定的命令》确定了退休年龄为男 60 周岁、女 55 周岁。[②] 1999 年《关于制止和纠正违反国家规定办理企业职工提前退休有关问题的通知》规定男年满 60 周岁、女工人年满 50 周岁、女干部年满 55 周岁[③]为退休年龄。这些是现行的关于退休年龄男 60 周岁、女干部 55 周岁和女 50 周岁的设置源头。

李珍[④]认为影响社会保险制度收支平衡的因素有很多,其中最具有影响力的因素就是退休年龄,它双向影响着制度的收支平衡和可持续性。不同的学者不同的研究得出来基本相同的结论,延迟退休有利于养老金收支平衡。

张熠[⑤]通过连续时间养老金收支模型分析得出,无论从改革过程

① 马骏. 中国国家资产负债表研究[M]. 北京：社会科学文献出版社,2012：218.

② 胡晓义. 走向和谐：中国社会保障发展 60 年[M]. 北京：中国劳动与社会保障出版社. 2009：81—84.

③ 中华人民共和国人力资源与社会保障部. 关于制止和纠正违反国家规定办理企业职工提前退休有关问题的通知(劳社部发〔1999〕8 号)[EB/OL]. 政府网,1999.03.09[引用日期 2016.03.18], http://www. mohrss. gov. cn/gkml/xxgk/201407/t20140717_136210. htm.

④ 李珍. 社会保障理论(第二版)[M]. 北京：中国劳动与社会保障出版社. 2007：167—170.

⑤ 张熠. 延迟退休年龄与养老保险收支余额：作用机制及政策效应[J]. 财经研究,2011 (7)：4—16.

还是从对养老保险计划收支余额的影响看,延迟退休会对我国养老金可持续性有很大意义,但因延迟退休必将减轻政府在养老保险方面负担的说法并不全面。

林宝①研究表明延迟退休能有效改变现行制度下将出现资金缺口的情况并降低养老金收支平衡所需的缴费率。袁磊②对三种延迟退休年龄方案进行模拟建立养老金收支测算模型显示,延迟退休可以推迟养老金缺口来临的时间,并缓解养老金缺口规模的压力。徐逸君③基于上海市的弹性退休政策研究得出,延迟退休与其他变量相互作用并影响着养老保险基金收支平衡,并提出延迟退休尽管对解决养老金空账的作用有限,但的确有利于缓解养老金的支付压力。吉祥等④通过个人养老金发放曲线研究得出延迟退休会减少对养老保险社会统筹的支出,将缓解养老金收支平衡的压力。

张琴等⑤分别测算一次性延迟退休和阶梯式延迟退休等多种政策下我国基础养老金未来 20 年的收支平衡情况,其研究结果表明,一次性延迟退休对缓解养老金基金支付压力作用明显,但推行阻力大;而阶梯式延迟退休对缓解养老金支付压力的作用不如前者明显,但较容易实施。十二届全国人大三次会议的记者会上,人力资源和社会保障部部长尹蔚民⑥说,人社部将于 2016 年拿出延迟退休方案,并向社会广泛征求意见。并表示出台延迟退休的政策是基于应对人口

① 林宝. 延迟退休年龄对养老金资金平衡的影响[J]. 财经问题研究,2014(12):41—47.

② 袁磊. 延迟退休能解决养老保险资金缺口问题吗?[J]. 人口与经济,2014(4):82—86.

③ 徐逸君. 改变或不:我国退休年龄是否需要变革——由上海市实行"弹性"退休制度引发的思考[J]. 劳动保障世界,2011(4):4—7.

④ 吉祥,王裕明,余伶. 延长退休年龄必要性的经济学分析[J]. 劳动保障世界,2009(6):70—72.

⑤ 张琴,郭艳. 延迟退休对养老基金的后续影响:找寻可选方案[J]. 改革,2015(7):57—64.

⑥ 延迟退休方案今年出台[EB/OL]. 凤凰资讯,2016. 3. 1[引用日期 2016. 03. 21]http://news. ifeng. com/a/20160301/47639780_0. shtml.

老龄化、养老金收支平衡压力大、劳动力供给总量逐步减少的考虑。

2. 覆盖范围与参保率

现行的养老保险覆盖面小是其缺陷之一[①],《中华人民共和国社会保险法》[②]第十条规定职工应参加基本养老保险。依据《国务院关于完善企业职工基本养老保险制度的决定》[③]和《国务院关于机关事业单位工作人员养老保险制度改革的决定》[④]可以将城镇职工养老保险的覆盖范畴界定为：城镇各类企业及其职工、机关事业单位及其职工、无雇工的个体工商户、非全日制从业人员和灵活就业人员。

从历年的城镇职工基本养老保险参保状况数据可以看出，覆盖范围与参保率扩大的速度正在逐步放缓，难度越来越大，其可能的对养老金收支平衡的影响越来越小。郑秉文[⑤]指出，2013年城镇职工基本养老保险扩面工作在艰难中推行，但绝大多数该参保的人口都已经参保，扩面的速度下降成为必然；2015年养老金发展报告[⑥]指出，2014年各行各业城镇职工基本养老保险参保人数增速进一步放缓，制度发展进入新常态，缴费人数占参保职工人数比例不断下降，成为影响养老保险制度可持续性的一大隐患；2016年养老金发展

① 胡晓义.走向和谐：中国社会保障发展60年[M].北京：中国劳动与社会保障出版社，2009：130.

② 中华人民共和国社会保险法[EB/OL].中国政府网，2010.10.28[引用日期2016.03.12]，http://www.gov.cn/zxft/ft209/content_1748773.htm.

③ 国务院关于完善企业职工基本养老保险制度的决定[EB/OL].中国政府网，2005.12.3[引用日期2016.03.12]，http://www.gov.cn/zhuanti/2015-06/13/content_2878967.htm.

④ 国务院关于机关事业单位工作人员养老保险制度改革的决定[EB/OL].中国政府网，2005.1.14[引用日期2016.03.21]，http://www.gov.cn/zhengce/content/2015-01/14/content_9394.htm.

⑤ 郑秉文.中国养老金发展报告2014——向名义账户制转型[M].北京：经济管理出版社，2014：13—50.

⑥ 郑秉文.中国养老金发展报告2015——"第三支柱"商业养老保险顶层设计[M].北京：经济管理出版社，2015：19—53.

报告①指出,2015 年企业和个体身份参保人员增速下滑,总参保人数增速进一步下降,总制度赡养率抬头向上,制度可持续性发展前景不妙。

3. 缴费与计发办法

缴费办法由《中华人民共和国社会保险法》②《国务院关于建立统一的企业职工基本养老保险制度的决定》③和《国务院关于完善企业职工基本养老保险制度的决定》④规定企业缴纳基本养老保险费的比例一般不得超过企业工资总额的 20%,个人账户的规模为本人缴费工资的 8%。

计发办法是按当年退休职工基础养老金给付,是按照职工退休前一年当地社会平均工资的一定比例计发的,其计发系数参数的设定可以参照《国务院关于完善企业职工基本养老保险制度的决定》⑤和《国务院关于建立统一的企业职工基本养老保险制度的决定》⑥规定。基础养老金月计发标准以当地上年度在岗职工月平均工资和本人指数化月平均缴费工资的平均值为基数,在满 15 年缴费年限可领取 20% 的基础上,再缴费每满 1 年,增发 1% 的基础养老金,直到

---

① 郑秉文.中国养老金发展报告 2016——"第二支柱"年金制度全面深化改革[M].北京:经济管理出版社,2016:50—81.

② 中华人民共和国社会保险法[EB/OL],中国政府网,2010.10.28[引用日期 2016.03.12],http://www.gov.cn/zxft/ft209/content_1748773.htm.

③ 国务院关于建立统一的企业职工基本养老保险制度的决定[EB/OL].中国政府网,1997.07.16[引用日期 2016.03.12],http://www.gov.cn/ztzl/nmg/content_412509.htm.

④ 国务院关于完善企业职工基本养老保险制度的决定[EB/OL].中国政府网,2005.12.3[引用日期 2016.03.12],http://www.gov.cn/zhuanti/2015-06/13/content_2878967.htm.

⑤ 国务院关于完善企业职工基本养老保险制度的决定[EB/OL].中国政府网,2005.12.3[引用日期 2016.03.12],http://www.gov.cn/zhuanti/2015-06/13/content_2878967.htm.

⑥ 国务院关于建立统一的企业职工基本养老保险制度的决定[EB/OL].中国政府网,1997.07.16[引用日期 2016.03.12],http://www.gov.cn/ztzl/nmg/content_412509.htm.

30%为止。①

一般用缴费率与工资替代率来分析缴费和计发办法对基础养老金收支平衡的影响,但缴费率与工资替代率是制度内生变量,在制度设计之初就是限定好了的,一般不会做出太大的调整。所以虽然缴费率和工资替代率对基础养老金收支平衡影响很大,但可以假设在预测期内缴费和计发办法是相对固定不变的。

从动态的角度来分析城镇职工养老金收支平衡影响因素可以发现,生育政策调整带来的人口年龄结构的变化对养老金未来收支平衡的影响最为重要,假定预测期内现行制度不变的前提下,其他影响因素所能带来的变化很小甚至固定不变,而生育政策调整带来的变化却很大,因此分析生育政策调整对养老保险金收支平衡的影响具有更为重要的现实意义。

1.2.3 城镇职工养老保险收支平衡数理分析

城镇职工养老保险的收支平衡一般用预测期内基金收入和支出积累额的精算余额来分析的,精算余额是未来预测期内基金期初结余基金和收入现值之和与支出现值的差额,表示期内收入与支出的差距。如果精算余额为零或正,表明期内系统具备财务偿付能力,收支能达到平衡;反之,表明期内系统存在偿付能力不足现象,收支不平衡。按照城镇职工养老保险财务制度不同的设计,其收支平衡数理分析可分为个人账户分析与统筹账户分析两类,如下:

(1)个人账户收支平衡数理分析②

个人账户设计的出发点是,职工本人一生中的收入与支出自求平衡的原理。个人账户归个人所有,且个人账户余额可以继承。为

---

① 何平. 中国养老保险基金测算报告[J]. 社会保障制度,2001(3):6.

② 薛惠元,王翠琴. 现收现付制与基金制的养老保险制度成本比较——基于养老保险收支平衡数理模型[J]. 保险研究,2009(11):59—62.

了使个人账户养老金收支平衡分析简化,做出以下假设:制度年龄起点和终点是整齐划一的;制度覆盖下的年龄结构与人口年龄结构变动一致;个人账户储存额收支是平衡的;在计算投资收益时采用复利形式且不考虑利率的影响。设定 C 为缴费率、W 为起始工资、g 为工资增长率、r 为投资收益率、n 为工作年数、m 为退休后生存年数、B 为工资替代率。到退休时,即第 n 年末城镇职工养老基金的积累额为:

$$CW(1+r)^n + CW(1+g)(1+r)^{n-1} + CW(1+g)^2(1+r)^{n-2} +$$
$$\cdots\cdots + CW(1+g)^{n-1}(1+r)$$
$$= CW[(1+r)^n + (1+g)(1+r)^{n-1} + \cdots\cdots + (1+g)^{n-1}(1+r)]$$

m 年的退休生涯在其开始年份(第 n+1 年初)的给付现值为:

$$BW(1+g)^n + BW(1+g)^{n+1}/(1+r) + BW(1+g)^{n+2}/(1+r)^2 +$$
$$\cdots\cdots + BW(1+g)^{n+m-1}/(1+r)^{m-1}$$
$$= BW(1+g)^n[1 + (1+g)/(1+r) + \cdots\cdots + (1+g)^{m-1}/(1+r)^{m-1}]$$

城镇职工养老保险个人账户的收支平衡条件为:
退休时养老基金的积累额＝退休后所需求的养老金给付现值
于是两个公式整理可得

$$C = B \times \frac{\sum_{t=0}^{m-1} \frac{1+g}{1+r}}{\sum_{j=1}^{n} \frac{1+r}{1+g}}$$

从以上分析可以看出,城镇职工养老保险个人账户收支平衡不受赡养率等人口年龄结构因素的影响。

(2) 基础养老金收支平衡数理分析[①]

基础养老金收支平衡分析需考虑到其现收现付特征,即统筹互

---

① 王鉴刚. 养老保险收支平衡及其影响因素分析[J]. 人口学刊,2000(2):9—11.

济,代际转移和缴费与给付事先确定等。为了使基础养老金收支平衡分析简化,采用与个人账户相同的就业年龄、退休年龄和人口结构的假设,且不考虑利率对养老保险收支平衡的影响。结合定义,城镇职工基础养老金收支平衡条件为:

基础养老金的缴费收入 = 缴费率×缴费工资总额 = 缴费率×
缴费职工人数×职工平均工资

养老金的发放支出 = 退休职工人数×平均养老金

联立以上公式得出:

$$缴费率 = \frac{平均养老金}{职工平均工资} \times \frac{退休职工人数}{缴费职工人数}$$

引入平均养老金与职工平均工资之比的工资替代率和退休职工人数与在职职工人数之比的制度赡养率,则上式可以变形为:

$$缴费率 = 工资替代率×制度赡养率$$

上式即为基础养老金收支平衡条件的文字表达式。从以上分析可以看出,现收现付制下,城镇职工基础养老金收支平衡只与缴费率、工资替代率和制度赡养率有关。

因此,从个人账户和基础养老金收支平衡数理分析中可以看出,生育政策调整下城镇职工基础养老金收支平衡的分析就是生育政策调整下城镇职工养老保险制度收支平衡分析。

(3) 城镇职工养老保险收支平衡模型参数的对比分析

城镇职工养老保险收支平衡精算分析中参数的设定是至关重要的,它关系到精算平衡中具体变量数值的大小,所以选取科学合理的参数是对基础养老金精算分析的关键。不同学者在各自的研究中对不同的参数都有所设定,下面我们就对不同学者的参数进行对比分析。

1. 人口参数对比分析

人口参数是收支平衡分析的重要的基础变量,在不同学者参数对比中发现开始工作年龄范围集中在 15—24 岁之间;退休年龄是按 50、55 和 60 岁的均值设定和分开按不同的群体单独分析,也有按延迟退休年龄设定模拟分析;预期寿命是按生命表中平均预期寿命设定,也有按极值寿命设定;总和生育率的设定是从 2.10 缓慢降低到 1.56;制度赡养率设定范围为 21.5%—79.2%。

2. 经济与制度参数对比分析

经济与制度参数包括了工资增长率、投资回报率、就业率、劳动参与率、城镇化率、参保率、统筹账户缴费率、缴费工资占社会平均工资比例、替代率和养老金调整系数。除了统筹账户缴费率比较一致外,其他各参数之间都存在一定的差异。

参数的设定对养老保险收支平衡分析至关重要,特别是以现收现付为特征的基础养老金收支平衡。从城镇职工养老保险收支平衡精算参数对比分析中可以看出,人口、经济与制度参数之间存在一定的差异,但不同学者设定的参数之间差异不大。纵观不同的学者设定参数差异性,可以通过以下两个方面进行修正:一是利用比较相对成熟的人口研究成果修正人口参数,养老保险收支平衡精算与人口研究是密不可分的,人口领域的研究成果是其平衡分析的基础,特别是生育政策调整背景下的基础养老金收支平衡分析更需要借鉴相对成熟的人口研究成果;二是追溯已有的历史数据,发现其发展趋势和规律,进而修正预测期内的参数,特别是对相关经济参数的修正,如工资增长率、投资回报率、就业率、劳动参与率和城镇化率等参数的修正。具体而言就是在不同学者研究基础上,通过追溯历史发现的参数发展规律,合理地设定预测期内的相关假设,以得到更为精确的精算分析。

表1-3 职工养老保险收支平衡测算人口参数对比分析

参数	世界银行[1]	邓大松[2]等	王燕[3]等	王晓军[4]
测算基年时间(年)	1995—2050	—	1996—2050	2000—2050
开始工作年龄(岁)	15	17	15	20
退休年龄(岁)	55—60	57	60	58
预期寿命(岁)	—	90	70.3—76.9	
总和生育率	—		1.9—2.13	
制度赡养率(%)	21.2—46.9(城镇)	—	25.6—79.2(3个人供养一个退休人员)	25—47(2000—2050年城镇制度赡养比)

① 李绍光.深化社会保障改革的经济学分析[M].北京:中国人民大学出版社,2006:110—120.

② 邓大松,刘昌平.中国养老社会保险基金敏感性实证研究[J].经济科学,2001(6):13—20.

③ Yan Wang,Dianqing Xu,Zhi Wang,Fan Zhai1Options and impact of China's pension reform:a computable general equilibrium analysis [J]. *Journal of Comparative Economics*,2004,32:105-1271.

④ 王晓军.中国养老金制度及其精算评价[M].北京:经济科学出版社,2000:168—186.

⑤ 劳动和社会保障部中国养老保险基金测算课题组.中国养老保险基金测算报告[J].社会保险研究,2001(5):3—21.

⑥ 陈迅,韩林,杨守鸿.基本养老保险基金平衡测算及平衡状态分析[J].中国人口科学,2005增刊:135—136.

⑦ 于洪,钟和卿.中国基本养老保险制度可持续运行能力分析——来自三种模拟条件的测算[J].财经研究,2009(9):26—34.

⑧ 王晓军,任文东.我国养老保险的财务可持续性研究[J].保险研究,2013(4):118—126.

⑨ 马骏.中国国家资产负债表研究[M].北京:社会科学文献出版社,2012:198—247.

⑩ 殷俊,黄蓉.人口老龄化视角下的基础养老金长期精算平衡研究[J].统计与决策,2013(13):164—166.

劳动和社会保障部中国养老保险基金测算课题组⑤	陈迅⑥等	于洪⑦等	王晓军⑧等	马骏⑨	殷俊⑩等
2001—2050	2005	2010—2050	2010—2060	2011—2050	2011
7—18	17—24	20	—	15	20
—	57—63	58	60—65	60	55、60、65
—	—	71—78	90	—	73—82.6
—	1.8	—	—	—	1.7—1.56
1.65：1—1.87：1(2010—2050年城镇在职职工与退休职工比例)	—	—	18.9—73.5(2010—2060年60岁以上人口抚养比)	35.6—47.1	—

表1—4 职工养老保险收支平衡测算经济与制度参数对比分析

参数	世界银行①等	邓大松②等	王燕③等	王晓军④	劳动和社会保障部中国养老保险基金测算课题组⑤	陈远⑥等	于洪⑦等	王晓军⑧等	马骏⑨	殷俊⑩等
测算基年时间（年）	1995—2050	—	1996—2050	2000—2050	2001—2050	2005	2010—2050	2010—2060	2011—2050	2011
工资增长率（%）	4—2	7.5	7.5—3	5—3	4—2	5—7	8—4.5	9.6—5	—	5
投资回报率（%）	5—3	4	5	4	—	5	2	3	3	1—7
就业率（%）	—	—	—	—	4（失业率）	—	—	80（就业比率）	—	—
劳动参与率（%）	77—80	—	45岁以上男子增加3%；妇女增加5%	—	76—77	—	—	—	87—89	—
城镇化率（%）	—	—	—	—	30.4—59	—	—	80（峰值）	46.96—73.23	—
参保率（%）	50—100	—	100	—	95—100	—	—	90左右	70	—
统筹账户缴费率（%）	—	20	24（全部）	—	20	20	—	—	20	20
缴费工资占社会平均工资比例（%）	85	100	85	—	87	—	—	60左右	70	—

续 表

参数	世界银行	邓大松等	王燕等	王晓军	劳动和社会保障部中国养老保险基金测算课题组	陈迅等	于洪等	王晓军等	马骏	殷俊等
替代率（%）	40	30	20—40	60—80	—	57	38	—	15—36（基础）	35、40、45（基础养老金替代率）
养老金调整系数（社会平均工资增长率的%）	—	—	—	50—100	—	—	60	9.6—5（养老金待遇增长率）	—	60

① 李绍光. 深化社会保障改革的经济学分析[M]. 北京：中国人民大学出版社，2006：110—120.
② 邓大松，刘昌平. 中国养老社会保险基金敏感性实证研究[J]. 经济科学，2001(6)：13—20.
③ Yan Wang，Dianqing Xu，Zhi Wang，Fan Zhai.Options and impact of China's pension reform：a computable general equilibrium analysis[J]. Journal of Comparative Economics，2004，32：105—1271.
④ 王晓军. 中国养老金制度及其精算评价[M]. 北京：经济科学出版社，2000：168—186.
⑤ 劳动和社会保障部中国养老保险基金测算课题组. 中国养老保险基金测算报告[J]. 社会保险研究，2001(5)：3—21.
⑥ 陈迅，韩林，杨守鸿. 基本养老保险制度可持续运行能力分析[J]. 中国人口科学，2005增刊：135—136.
⑦ 于洪，钟和卿. 基本养老保险制度的财务可持续性研究[J]. 保险研究，2013(4)：118—126.
⑧ 王晓军，任文东. 我国养老保险的财务可持续性研究[J]. 保险研究，2013(4)：118—126.
⑨ 马骏. 中国国家资产负债表研究[M]. 北京：社会科学文献出版社，2012：198—247.
⑩ 殷俊，黄蓉. 人口老龄化视角下的基础养老金长期精算平衡研究[J]. 统计与决策，2013(13)：164—166.

1.2.4 生育政策调整下人口预测的相关研究

生育政策调整下人口预测研究可分"单独二孩"和"全面两孩"两种政策展开,但由于"单独二孩"和"全面两孩"政策调整时间间隔短,现有的有关生育政策调整下人口预测研究主要集中在"单独二孩"生育政策调整前人口预测研究和"单独二孩"政策调整后人口预测分析,少量的文献涉及到了"全面两孩"政策下人口预测研究。生育政策调整下的人口预测主要估算生育政策调整后,可能新增的生育总量和这些生育量按年份的释放进程,回答有关是否有生育堆积的可能以及对经济、社会可能的影响等问题。生育政策调整下人口预测不同于常规的人口预测,其生育政策的突然变动无法满足常规人口预测技术的基本前提,因为使用连续的生育参数的常规模拟预测无法反映政策调整的突变性。目前学术界只有少数学者提出了生育政策调整下人口预测的方法。

(1) 生育政策调整下人口预测方法

1. 利用生育意愿来预测二孩生育行为

乔晓春[①]以 2010 年全国六普数据和 2013 年国家卫生计生委的生育意愿抽样调查数据为基础数据,分析了单独二孩可能的新增出生人数和 2014—2017 年释放进程、总和生育率的变化,以及对未来人口发展的影响。其关于新增出生人口和新增生育水平的估计方法包括以下几步:第一步,用普查数据估计 2013 年已婚妇女的人数;第二步,利用已婚人群中符合单独二孩生育政策比例中间变量,从生育意愿调查样本中估算总体已婚人群中符合单独二孩生育政策的人数;第三步,根据生育意愿调查中,符合单独政策已婚育龄妇女中"打算再要一个孩子"生育意愿估算单独二孩出生人数;第四步,根据生

---

① 乔晓春."单独二孩"政策下新增人口测算方法及监测系统构建[J]. 人口与发展,2014(1):5.

育意愿调查中,"从现在起计划什么时候生下一个孩子"问题的回答,估计新出生人数在未来几年的可能分布。

王广州等①认为必须从"生了多少;想生多少;政策允许生多少;将会生多少"四个方面来回答中国育龄妇女能生多少孩子的问题,这四个方面涉及到生育政策、曾生子女、生育意愿和生育水平等相关变量。翟振武等②认为计划生育政策调整后,二胎生育堆积能量取决于目标人群的规模和育龄妇女的二胎生育意愿。具体而言,就是通过全国1‰人口抽样调查数据结合妇女的生育模式预测目标群体的规模,再通过2013年中国人口与发展研究中心在全国29个省市地区(西藏、新疆除外)针对20—44岁育龄妇女的生育意愿调查来估算生育政策调整后二孩的堆积数量。

用生育意愿来估算二孩生育量和释放进程的研究还包括杨云彦等③的《"单独二孩"政策的人口红利效应分析——以湖北省为例》、石智雷等④的《符合"单独二孩"政策家庭的生育意愿与生育行为》和曹立斌等⑤的《"单独二孩"政策将释放多少生育潜能?》。

2. 利用分年龄生育释放模拟生育模型来预测二孩生育行为

姚引妹⑥利用堆积夫妇估计剥离、生育释放模拟的理论分析模

① 王广州,张丽萍. 到底能生多少孩子——中国人的政策生育潜力估计[J]. 社会学研究,2012(5):123.

② 翟振武,张现苓,靳永爱. 立即全面放开二胎政策的人口学后果分析[J]. 人口研究,2014(2):3—9.

③ 杨云彦,向华丽,黄瑞芹."单独二孩"政策的人口红利效应分析——以湖北省为例[J]. 中南财经政法大学学报,2014(5):3—8.

④ 石智雷,杨云彦. 符合"单独二孩"政策家庭的生育意愿与生育行为[J]. 人口研究,2014(5):30.

⑤ 曹立斌,程广帅."单独二孩"政策将释放多少生育潜能?[J]. 中南财经政法大学学报,2014(5):9—13.

⑥ 姚引妹,李芬,尹文耀. 单独两孩政策实施中堆积夫妇及其生育释放分析[J]. 人口研究,2014(4):3—4.

型,以 2010 年国务院人口普查办公室的各地区分城乡、分年龄、分存活子女数的妇女人数数据,对全国的东、中、西三大地带、东北地区以及重点省区的堆积夫妇规模、年龄构成及其生育释放量进行了测算。其主要贡献在于用分年龄分孩次预期生育率、分年龄分孩次预期生育比率和生育模式、分年龄分孩次预期生育概率,对单独家庭生育进行了 2014—2042 年之间的长期预测,弥补了根据利用生育意愿只能作短期预测的不足。

3. 利用孩次递进比来预测二孩生育行为

郭志刚[①]认为常规生育率预测方法中没有育龄妇女的孩次结构信息,不能控制育龄妇女本身的孩次结构影响,因而此方法仅仅控制了育龄妇女的年龄结构,但不能控制孩次结构,所以不能作为生育政策调整下的生育行为预测。他提出应该从生育政策与生育行为的关系角度对生育政策调整的人口模拟方法进行探讨,即把生育政策理解为一种孩次控制的政策,并举例到独生子女政策为一种控制从孩次 1 向孩次 2 递进的政策;二孩政策是控制孩次 2 向孩次 3 递进的政策。最终得出一套基于普查数据的年龄—孩次递进生育模型的预测方法。

石人炳[②]提出了"生育潜能存量"与"生育潜能增量"这两个概念,并用生育意愿预测生育潜能存量生育二孩的总量和释放进程;用二胎递进比预测生育潜能增量生育二孩的总量和释放进程。具体而言,"生育潜能存量"是指以预测期的时间为时点,在预测之前就已生育一个孩子但不符合原政策生育第二个孩子,政策调整后可以生育第二个孩子的育龄妇女的数量;生育潜能增量是指在预测之前没有孩子而在预测期生育一个孩子,且不符合原政策生育第二个孩子而

---

① 郭志刚. 关于生育政策调整的人口模拟方法探讨[J]. 中国人口科学,2004(2):2—12.
② 石人炳."单独二孩政策"实施初期的出生堆积及其特点[J]. 人口与经济,2014(5):14.

政策调整后可以生育第二个孩子的育龄妇女的数量。

王广州[①]以 1990 年来人口普查汇总数据建立人口仿真数据库为基础,利用年龄—孩次递进预测为基础的微观随机人口仿真预测模型,分析了单独育龄妇女总量、结构和变动趋势,估算了生育政策调整后北京市分城乡人口总和生育率的变动,反思生育政策调整研究面临的问题、困难和解决的办法。

(2) 生育政策调整下人口预测的不足

生育政策调整下基于生育意愿的人口预测,首先需要确定目标家庭的数量,包括单独目标家庭、非独目标家庭;其次是目标家庭的生育意愿,包括是否打算生育二孩、理想的孩子数目以及二孩生育的时间安排。在这一要求下的基础数据分为两部分,一部分用于测算目标家庭的数量,包括单独、非独目标家庭数量和单独、非独潜在家庭数量;另一部分用于测算目标家庭未来的二孩生育行为概率。

1. 预测目标家庭数量基础数据的不足

准确确定目标家庭的数量,首先是获得数据十分困难。[②] 王广州[③]指出单独二孩生育政策调整分析的数据需包含父母的独生子女信息,涉及农村和城镇不同的生育政策,全国的婚姻结构和已生子女的孩次分布,这些要求在以往人口普查的汇总数据中很难同时满足。

以下简单罗列不同学者人口预测的数据来源:

乔晓春[④]预测的基础数据是基于 2010 年全国第六次人口普查数

① 王广州.北京市生育政策调整对出生人口规模的影响[J].北京社会科学,2011(3):48—52.

② 王广州.“单独”育龄妇女总量、结构及变动趋势研究[J].中国人口科学,2012(3):9—11.

③ 王广州.生育政策调整研究中存在的问题与反思[J].中国人口科学,2015(2):2—15.

④ 乔晓春.“单独二孩”政策下新增人口测算方法及监测系统构建[J].人口与发展,2014(1):5.

据,姚引妹等[1]预测分析的基础数据是 2010 年国务院人口普查办公室补充汇总的各地区分城乡、分年龄、分存活子女数的妇女人数;王广州[2]预测的基础数据是基于通过人口数学模型,对 1990 年以来人口普查汇总数据和原始抽样数据构建人口仿真数据库数据。

石人炳[3]预测分析的基础数据包括湖北省全员人口数据库的数据;曹立斌等[4]以 2014 年 3 月份的湖北省全员数据库中提取的湖北省单独目标家庭数据为基础数据;杨云彦等[5]、石智雷等[6]以 2014 年 7 月份湖北省全员数据库中提取的湖北省单独目标家庭数据为基础数据。

表 1-5　全国范围预测基础数据的对比

	预测时间	单独目标家庭(万)	"要二孩"生育意愿(%)	生育释放年份(%)			
				2014	2015	2016	2017
乔晓春	2013	55.23	23.1	30	40	25	5
庄亚儿	2013	—	60.8	20.8	11.1	8.5	—
翟振武	2013	—	70	20	35	25	20
姚引妹	2014	2612	—	—	—	—	—
石人炳	2013	2047.62	—	—	—	—	—
国家卫计委	2015.1	1100	—	—	—	—	—

注：数据来源于乔晓春《"单独二孩"政策下新增人口测算方法及监测系统构建》;庄亚儿、姜玉、王志理、李成福、齐嘉楠、王晖、刘鸿雁、李伯华、覃民《当前我国城乡居民的生育意愿——基于 2013 年全国生育意愿调查》;翟振武、张现苓、靳永爱《立即全面放开二胎政策

① 姚引妹,李芬,尹文耀. 单独两孩政策实施中堆积夫妇及其生育释放分析[J]. 人口研究,2014(4):3—4.
② 王广州. 生育政策调整研究中存在的问题与反思[J]. 中国人口科学,2015(2):2—15.
③ 石人炳. "单独二孩政策"实施初期的出生堆积及其特点[J]. 人口与经济,2014(5):14.
④ 曹立斌,程广帅. "单独二孩"政策将释放多少生育潜能?[J]. 中南财经政法大学学报,2014(5):9—13.
⑤ 杨云彦,向华丽,黄瑞芹. "单独二孩"政策的人口红利效应分析——以湖北省为例[J]. 中南财经政法大学学报,2014(5):3—8.
⑥ 石智雷,杨云彦. 符合"单独二孩"政策家庭的生育意愿与生育行为[J]. 人口研究,2014(5):30.

的人口学后果分析》；姚引妹、李芬、尹文耀《单独两孩政策实施中堆积夫妇及其生育释放分析》；石人炳《"单独二孩政策"实施初期的出生堆积及其特点》；新加坡联合早报《远不如官方预期，中国单独二胎政策至今仅 70 万夫妇申请》

表 1-6　湖北范围预测基础数据的对比

	预测时间	单独目标家庭（万）	"要二孩"生育意愿（%）	生育释放年份（%）			
				2014	2015	2016	2017
曹立斌	2014.03	62.94	21.5	7.1	14.2	10.6	7.4
杨云彦、石智雷	2014.07	37.05	21.5	6.9	14.1	13.8	8.8
石人炳	2013	33.3	50—60	34	26.5	25.4	—
湖北全员信息库	2014.12	39.26	—	—	—	—	—

注：数据来源于曹立斌、程广帅《"单独二孩"政策将释放多少生育潜能?》；杨云彦、向华丽、黄瑞芹《"单独二孩"政策的人口红利效应分析——以湖北省为例》；石智雷、杨云彦《符合"单独二孩"政策家庭的生育意愿与生育行为》；石人炳《"单独二孩政策"实施初期的出生堆积及其特点》；湖北省全员信息库

　　从表 1-5 和表 1-6 可以看出，不同的学者预测的目标家庭数量之间和实际的结果都有着很大的出入，我们简单解释为：

　　全国范围内的目标家庭数量的确定大部分是基于全国的普查数据，但存在两个问题：一是普查数据存在的误差，如分年龄死亡率偏低，总和生育率偏低。存在出生漏报，性别年龄结构偏差；二是普查数据没有家庭父母一方是否为独生子女的信息，需要通过一定的参数来估计目标家庭数，如短期内通过抽样数据关于目标家庭的比例来估算总体目标家庭数量，长期以独生子女分性别数量，根据一定的婚配比例来预测目标家庭的数量，每个环节都会存在较大的误差。

　　湖北省范围内的预测目标家庭数量的预测是基于省全员信息库的数据，但不同时间统计的目标家庭数量有着很大的差异，时间越近，其数据越准确，这是因为生育政策调整前全员数据库数据都缺少

家庭夫妻一方兄弟姐妹的数据，无法判断家庭丈夫或妻子是否为独生子女，也就很难识别哪些家庭是生育政策调整下的潜在生育家庭，只有最新全员信息库及时更新，统计目标家庭数据。

2. 预测生育意愿数据的不足

从表 1-5 和表 1-6 中可以看出不同学者使用的目标家庭"是否生育二孩"和"计划什么时候生育二孩"的生育意愿有着很大的差异。

我们归纳了生育意愿数据的来源，可分为乔晓春[①]、庄亚儿等[②]、翟振武等[③]生育意愿来源于 2013 年 8 月中国人口与发展研究中心的生育意愿抽样调查数据；曹立斌等[④]、杨云彦等[⑤]、石智雷等[⑥]生育意愿来源于以 2014 年 6 月湖北省符合"单独二孩"政策家庭生育意愿与生育行为的抽样调查数据；石人炳[⑦]生育意愿来源于 2013 年 8 月中国人口与发展研究中心的生育意愿抽样调查数据和 2013 湖北省卫计委单独育龄妇女的生育意愿调查。

从数据差异来看，我们发现关于"是否生育二孩"和"计划什么时候生育二孩"生育意愿的不同，不仅仅是因为来源于不同时间、不同群体的生育意愿调查数据，也来源于不同的学者对同一来源的生育意愿数据不同的假定估计。如不同生育意愿来源导致的差异，庄亚

① 乔晓春."单独二孩"政策下新增人口测算方法及监测系统构建[J].人口与发展,2014(1)：5.

② 庄亚儿,姜玉,王志理,李成福,齐嘉楠,王晖,刘鸿雁,李伯华,覃民.当前我国城乡居民的生育意愿——基于 2013 年全国生育意愿调查[J].人口研究,2014(3)：3—8.

③ 翟振武,张现苓,靳永爱.立即全面放开二胎政策的人口学后果分析[J].人口研究,2014(2)：3—9.

④ 曹立斌,程广帅."单独二孩"政策将释放多少生育潜能?[J].中南财经政法大学学报,2014(5)：9—13.

⑤ 杨云彦,向华丽,黄瑞芹."单独二孩"政策的人口红利效应分析——以湖北省为例[J].中南财经政法大学学报,2014(5)：3—8.

⑥ 石智雷,杨云彦.符合"单独二孩"政策家庭的生育意愿与生育行为[J].人口研究,2014(5)：30.

⑦ 石人炳."单独二孩政策"实施初期的出生堆积及其特点[J].人口与经济,2014(5)：14.

儿 2013 年 8 月全国生育意愿调查显示,现有一孩的单独家庭希望生育二孩的比例为 60.8%,普通家庭为 54.8%,双独家庭为 54.4%;而石智雷 2014 年 6 月湖北省生育意愿调查显示符合政策单独二孩家庭中,有 21.51% 的人明确回答"要二孩",有 59.17% 明确回答"不要二孩",有 19.32% 回答"还没想清楚"。相同生育意愿来源的差异也存在,如乔晓春 23.1% 单独目标家庭"要二孩"比例与庄亚儿 60.8% 单独目标家庭"要二孩"的比例;曹立斌、杨云彦、石智雷相同来源的生育意愿之间有着不同的释放进程。

我们用生育意愿来预测生育行为时要意识到生育行为与生育意愿的区别,虽然生育意愿在一定程度上影响着生育行为,但用生育意愿去预测生育行为的难点在于生育意愿是变化的。所以,需要剥离生育意愿这些影响因素,在预测时尽量控制,才能有相对准确的预测结果。

如目标家庭关于"你们符合可以生育两个孩子的政策,是否再要第二个小孩呢?"这一意愿问题的回答是与育龄妇女年龄相关的,2013 年 8 月全国生育意愿调查显示,不同年龄组的单独育龄妇女打算生育二孩的比例差异显著,且随着年龄的上升,希望生育二孩的意愿呈下降趋势;目标家庭是否要二孩的回答是与已生一孩年龄相关的,生育意愿抽样调查中,一孩年龄变量与不愿意生育二孩变量 5% 水平上是显著相关的。此外,还有从性别来看,育龄夫妇中女性平均生育意愿略高于男性;从生育时间来看,城镇育龄妇女实现生育目标的时间安排比农村育龄妇女晚。

在以上分析的生育意愿影响因素下,因不能假定生育意愿固定不变,也就不能准确用生育意愿来估算生育政策调整下二孩的生育数量;除了以上因素对生育意愿有影响外,还有育龄妇女的学历、育龄妇女的职业、育龄妇女的受教育水平和一孩的性别都会对单独家庭的生育意愿产生影响。所以,生育意愿是随时间而动态变化的,用它来预测目标家庭二孩生育量要注意生育意愿的相关影响因素,需要厘清哪些因素能够假定相对不变、哪些因素不能够假定相对不变,这在研究未来的生育行为时需要给予分析和考虑。

3. 用生育意愿预测目标家庭二孩生育行为方法的不足

生育政策调整下二孩生育行为预测研究大部分是以生育意愿为基础的,但是这种以生育意愿预测生育行为的方法是否精确,学术界还存有争议。生育意愿与生育行为之间的关系可分为三种,一种是生育意愿高于实际生育行为;一种是生育意愿低于实际生育行为;一种是生育意愿等于实际生育行为。现行的中国生育意愿与生育行为之间是个什么关系呢?是否可以用生育意愿预测生育行为呢?梳理不同学者的研究,大部分倾向于生育意愿不等同于生育行为,生育意愿也不会简单直接地转化为生育行为。

根据卫生计生委数据,截至 2015 年 10 月底,全国共批准单独两孩政策申请 178 万对,远小于有生育意愿的 465 万对单独夫妇数,更小于 1163 万对单独目标人群数。杨菊华[1]认为意愿生育水平与实际生育水平之间是偏离的,在发达国家主要表现为实际生育水平高于意愿生育水平,在发展中国家主要表现为意愿生育水平高于实际生育水平,而在中国这两种情况同时并存。李桂芝等[2]指出实际生育水平和意愿生育水平之间的关系可以参考 2002 年韩国、2005 年日本和 2003 年台湾地区生育意愿调查结果,其显示理想子女数分别为 2.2, 2.5 和 2.5,而实际总和生育率分别只有 1.2,1.3 和 1.3,说明实际生育水平会低于意愿生育水平。从单独二孩政策实施的效果来看,实际生育水平也低于意愿生育水平。因此全面两孩政策下实际出生人

① 杨菊华. 意愿与行为的悖离. 西方生育意愿与生育行为研究评述及对中国的启示[J]. 学海,2008(1):27—37.
② 李桂芝,崔红艳,严伏林,权少伟. 全面两孩政策对我国人口总量结构的影响分析[J]. 人口研究,2016(4):52—59.

口会低于按生育意愿推算的出生人口。郑真真[1]在江苏生育意愿跟踪调查中的结果显示,生育意愿是不等同于生育行为的,且实际生育子女数低于生育意愿,具体而言是希望要两个孩子妇女中已有两个孩子的只占27.3%,而希望只要一个孩子的妇女中只有一个孩子占到97.1%,说明了一孩生育意愿和一孩生育行为的接近,而二孩的生育意愿与二孩生育行为之间有比较大的差距。茅倬彦等[2]生育意愿跟踪调查也显示生育意愿与生育行为之间的不同,但只出现上文分析的两者之间三种关系的两种,即生育意愿高于实际生育行为和生育意愿等于实际生育行为,具体的比例为生育意愿高于实际生育行为占到所有育龄妇女的39.91%;生育意愿等于生育行为占到所有育龄妇女的60.09%。

鉴于以上的分析,我们不能简单地把生育意愿用于生育行为的预测,需把生育意愿具体问题进行分类探讨[3],且需要用跟踪研究得出意愿生育水平与实际生育水平之间的比例参数修正预测的模型。

1.2.5 文献评述

从现有研究成果我们可以看出,城镇职工养老保险财务上不可持续性、养老保险基金收支已经失衡是学术界的一个共识。其中失衡的最主要原因是人口年龄结构的变化,即生育率的下降和预期寿命延长等所带来的劳动年龄人口下降和老年人口的上升。目前的研究主要呈现以下特征:

第一,从研究方法上来看,参数的设定对养老保险收支平衡分析

---

① 郑真真. 生育意愿的国际比较、中国现实及政策含义[J].《人口与经济》创刊 30 年暨人口、就业和社会保障学术研讨会论文集,2010.

② 茅倬彦,罗昊. 符合二胎政策妇女的生育意愿和生育行为差异[J]. 人口研究,2013(1):84—87.

③《人口研究》编辑部. 生育意愿、生育行为和生育水平人口研究[J]. 人口研究,2011(2):43—59.

至关重要,特别是以现收现付为特征的基础养老金收支平衡。从城镇职工养老保险收支平衡精算参数对比分析中可以看出,人口、经济与制度参数之间存在一定的差异,但不同学者设定的参数之间差异不大。纵观不同的学者设定参数差异性,可以通过以下两个方面进行修正:一是利用比较相对成熟的人口研究成果修正人口参数,养老保险收支平衡精算与人口研究是密不可分的,人口领域的研究成果是其平衡分析的基础,特别是生育政策调整背景下的基础养老金收支平衡分析更需要借鉴相对成熟的人口研究成果;二是追溯已有的历史数据,发现其发展趋势和规律,进而修正预测期内的参数,特别是对相关经济参数的修正,如工资增长率、投资回报率、就业率、劳动参与率和城镇化率等参数的修正。具体而言就是在不同学者研究基础上,通过追溯历史发现的参数发展规律,合理地设定预测期内的相关假设,以得到更为精确的精算分析。

第二,从养老金收支平衡研究结果可以看出,现有以 2005 年政策为依据进行中长期测算的研究中,对生育政策调整下人口年龄结构变动对养老保险收支平衡的研究不够深入和全面。因此有必要对城镇职工养老保险未来收支平衡作进一步研究,特别是生育政策调整所带来的生育率的变化、人口年龄结构的变化,具体到养老保险制度就是制度赡养率的变化对收支平衡产生的重要的影响。故有必要在前人研究的基础上选择恰当的模型,基于更为准确的数据和更为贴合实际的修正参数假设,在生育政策调整的背景下来对关系到养老保险制度可持续发展的收支平衡进行更为准确的测算分析。

通过以上分析,本书认为既有研究存在以下不足:第一,生育政策调整这一变量的缺乏。生育政策调整背景下生育水平的变化,势必对我国的人口规模和结构产生重大影响。在有可能会出现生育水平回升、人口年龄结构变动的局面下,探讨生育政策调整与现收现付制的基础养老保险收支平衡的关系将是一个全新的课题,急需要投入一定资源去研究;第二,在探讨解决基本养老保险金支付危机的手段时,可以加入切实提高生育水平,实现人口系统长期均衡这一变量,以弥补单从延迟退休、调整制度参数以及引进移民方面探讨的不足。

综上所述,生育政策调整能够在多大程度上缓解养老金支付危机,不同生育响应下的影响效果如何等问题具有重要的理论和现实意义。

1.3 研究意义

理论意义。本研究从生育政策调整着手,借助总和生育率这一中间变量,探讨生育政策调整对生育水平的影响、生育水平的变动对人口结构影响、人口结构的变动对养老保险收支平衡的影响,以及验证相应的测算方法和模型,为人口转型理论和养老保险可持续性发展提供一定的借鉴。

现实意义。首先,生育政策调整的现实影响是深远和全面的,关注其对生育水平的影响,回答是否存在生育堆积、生育反弹等现实问题;在"高""中"和"低"三方案下,利用分要素人口预测模型测算生育政策对人口结构长期的影响,为进一步的人口生育政策调整以及相关社会经济生活的变化做准备。其次,养老保险制度可持续性发展是当下中国最具有现实意义的问题之一,基于此建立科学的基础养老保险收支平衡模型,在生育政策调整背景下测算我国未来75年的养老金收支平衡发展趋势,通过分析未来不同人口状况下的养老保险基金收支状况,对我国养老保险制度可持续性发展,以及相应的养老金制度的改进和完善具有一定的启发意义。

1.4 研究设计

1.4.1 概念界定

（1）基础养老金

基础养老金是城镇职工基本养老金的一部分，是其中统筹账户发放的养老金。《国务院关于完善企业职工基本养老保险制度的决定》中规定，基础养老金是指按照一定的计发基数和一定的计发系数由统筹账户发放的养老金。

（2）基础养老金收支平衡

基础养老金收支平衡可分为两种，一种是年度收支平衡，即一定时期内（通常为一年）基础养老金缴费满足养老金的发放；另一种是累计收支平衡，即在无需财政转移支付的前提下实现缴费率和养老金待遇的长期稳定，以追求较长时期内收支相等和期末基础养老基金累计收支为零。一般基础养老金收支平衡的条件可以通过基础养老金收支缺口测算来分析，本研究根据现行的基础养老金缴费与给付规定，测算生育政策调整背景下基础养老金年度和累计收支缺口状况，模拟相应条件以追求基础养老金的长期财务平衡。

（3）生育政策调整

生育政策通常也叫计划生育政策，它是国家和地方对育龄人口生育过程进行有计划的调节而制定的生育行为的准则。以国家对待生育的态度、影响和干预生育行为的作用方向为标志。广义上讲，生育政策的任何内容的改变都叫生育政策调整，但本研究将生育政策调整限定为近几年来国家对群众生育数量政策限制性规定的改变，即"单独两孩"政策和"全面两孩"政策。由于政策调整的先后性和叠加性，因此本书中 2016 年为基年的生育政策调整特指"全面两孩"政策调整，即一对夫妇可生育两个孩子政策。

1.4.2 基础养老金的收支平衡的测算基本思路

基础养老金的长期收支平衡的影响因素有很多,取决于未来的具体情况,具有较大的不确定性。构建收支平衡的精算模型需要对这些不确定性因素进行系统的分析,其中有对生育政策调整背景下的人口总量和结构进行预测分析,包括城镇人口总量、年龄结构、性别结构和在一定城镇化率、就业率和城镇职工养老保险覆盖率下,测算在职缴费职工与领取退休金职工的动态人数和结构变化等;预测期内经济发展水平分析,包括城镇职工工资增长率、基金投资回报率等参数进行测算,以确定合理的参加养老保险职工的缴费工资基数和退休金发放总额;城镇职工养老保险制度因素分析,即在一定的职工社会平均工资水平、缴费率和参加养老金职工人数下,估计基础养老金制度的筹资总额和一定的计发系数规定下,根据初次退休和已退休人数与养老金水平的动态变化,测算年退休金的给付总额。最后比较筹资与给付总额的差值得出基础养老金的年度和累计缺口,再根据相应条件变动模拟养老金的长期财务平衡。

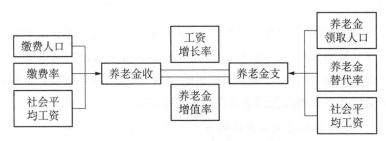

图 1-1 基础养老金收支平衡的影响因素

根据以上分析,基础养老金收支平衡影响因素可分为四个相互联系的精算模块,即包括生育政策调整背景下城镇分性别、分年龄参加养老保险在职职工与领取退休金职工人数动态变化的人口模块;包括职工平均工资水平、职工工资增长率、就业率、城镇化率和基金投资回报率等动态变化的经济模块;在一定缴费规则下基础养老金筹资模块;在一定计发系数和养老金调整比例规则下基础养老金给付模块。

(1) 人口模块

在基础养老金收支平衡精算中,最重要的是对生育政策调整背景下养老保险参加人数和结构的预测,它建立在人口预测的基础上。影响人口变动的因素有人口的出生、死亡和迁移,而生育政策调整主要影响着人口的出生,即生育率的变动,死亡水平一般是稳定的,可以用生命表测算,这里的迁移主要考察农村向城镇的人口迁移,用城镇化率来估算城镇人口的变动。因此,人口模块的测算思路为在已知期初分性别分年龄人口基数和期内人口总和生育率、生命表和城镇化率下,可以在一定参数假设条件下测算城镇分年龄分性别人口总量和年龄结构。再通过劳动参与率、就业率和养老保险覆盖率测算制度的缴费职工人数和领取养老金的职工人数。

(2) 经济模块

经济模块的测算思路为根据一定的基础数据和历年工资水平增长规律,在一定的参数假设基础上,可以测算出职工人均工资水平和工资总额,从而测算出分年龄、分年份的职工工资与养老保险的缴费工资。社会工资增长率、投资收益率等参数可以根据已有的历年数据变动规律,结合对经济发展形势的预测,做出实际工资增长率和养老金增长率合理假设用于长期收支平衡精算。

(3) 基础养老金筹资模块

基础养老金筹资模块主要是在给定的养老保险制度参数条件下,结合人口因素、经济因素测算基础养老金筹资总额。模块中,影响筹资总额的因素有缴费率和缴费工资占职工工资比例等制度因素;上年度职工工资人均水平、工资增长率和本年度职工工资人均水平等经济因素;覆盖率、退休年龄和参保在职职工人数等人口因素。其中,制度因素是本模块重点关注的内容。

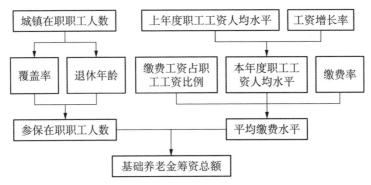

图 1-2 基础养老金筹资模块测算思路

（4）基础养老金给付模块

基础养老金给付模块主要是在给定的养老保险制度参数条件下，结合人口因素、经济因素测算基础养老金给付总额。模块中，影响给付总额的因素有养老金计发办法、上年度退休金水平和养老金调整比例等制度因素；上年度职工工资人均水平和工资增长率等经济因素；退休年龄和领取养老金职工人数等人口因素。其中，制度因素是本模块重点关注的内容。

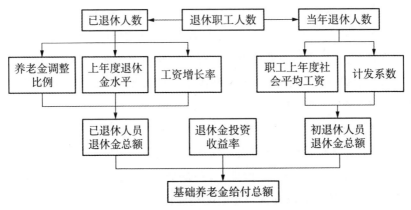

图 1-3 基础养老金给付模块测算思路

1.5 研究方法

城镇职工养老保险制度是增加老年人抵御年老风险能力的一项制度。在职职工在工作时加入制度，退休后领取一定的养老金，直到参与者死亡为止，这需要一个相当长的时间跨度。且以现收现付特定财务制度为特征的基础养老金还需要世代交替不断延续，从而使得养老金保险制度成为一项长期、涉及不同代际的制度。为了使制度长期内保持收支平衡，需要根据不同的测算结果及时调整相关政策，以促进养老金制度的可持续性发展。因此，养老保险制度收支平衡精算是保证计划长期偿付能力和长期财务稳定的基础。养老保险收支平衡测算的内容主要是对参加制度人口因素、经济因素和自身制度因素的分析，在一定的预测期内对未来收支平衡状况进行精算估计。

基础养老金收支平衡精算是对基础养老金的收入与支出的精算估计，基础养老金的收入主要由养老金制度人口中的在职职工人数、平均缴费工资水平、参保率、规定的缴费率等决定；基础养老金的年支出包括退休金的给付支出，由制度规定的计发系数、给付水平、已退休职工的人口规模等决定。因此需要构建基础养老金的收支平衡精算模型，在生育政策调整背景下分析影响收支平衡的因素，在一定的参数假设下测算未来的基础养老金收支状况，提出相应的调整建议以增加制度的可持续性。

生育政策调整对基础养老金收支平衡的影响分析可分为两个阶段，一是生育政策调整下的人口预测；二是人口年龄结构变化下基础养老金收支平衡的预测。因此，具体的研究方法也分为生育政策调整下的人口预测方法和人口年龄结构变化下的基础养老金收支平衡测算方法。

1.5.1 生育政策调整下的人口预测方法

未来基础养老金收支失衡风险是建立在制度所在地区和国家未来人口年龄结构变动的基础上的。而生育政策调整下人口预测可以根据一定的规律得出预测期内人口变动趋势,其方法可分为生育政策调整下总和生育率的预测方法和总和生育率变动下人口结构的预测方法。

1. 生育政策调整下总和生育率的预测方法

总和生育率预测是基于生育政策调整下生育水平的判断,可以采用年龄—孩次递进模型预测生育政策调整下的总和生育率。年龄—孩次递进预测模型相对于传统的生育预测方法,更能准确预测生育政策调整下生育水平。因为传统的生育预测方法在生育政策调整下的总和生育率预测中无法区分育龄妇女的孩次结构。年龄—孩次递进预测模型既可以控制年龄结构,也可以控制孩次结构,符合生育政策调整下的生育水平预测。

而年龄—孩次递进模型预测生育政策调整下的生育水平可分为政策调整初期和调整后期两个不同的阶段。第一阶段:生育政策调整初期总和生育率预测。在我国生育政策是影响妇女生育率的重要因素,因此生育政策调整初期可能会影响生育水平的大幅波动。这一阶段被称之为生育政策调整下堆积生育存量集中释放阶段。因而总和生育率在政策调整初期将由于"堆积效应"的集中释放而出现"生育反弹"。第二阶段:生育政策调整后期总和生育率预测。生育政策所抑制的存量生育势能可能将在生育政策调整初期集中释放,政策调整后期总和生育率波动将趋于平缓。生育政策调整后期总和生育率预测主要考虑政策调整下增量育龄妇女的生育水平。

2. 生育率变动下人口结构的预测方法

生育率变动下人口结构的预测方法主要采用队列分要素预测

法(Cohort-Component Project Method)对人口变动趋势进行预测,其先预测未来总和生育率和平均寿命,然后再预测总和生育率和平均预期寿命对应的年龄别模式,即将人口按性别、年龄分组,在总和生育率和预期寿命参数下预测未来人口的变动趋势。即采用联合国人口司关于中国 2015 年分性别 1 岁年龄组人口数据作为起始年份人口,在生育、死亡、迁移和出生性别比参数假定下,利用队列分要素法预测未来人口结构的变动趋势。具体的计算过程将采用中国人口发展中心编制的 PANDIS-INT 人口预测软件①进行预测。

1.5.2　基础养老金的收支平衡模型测算方法

基础养老金收支平衡模型设计是根据基年基础数据及生育政策调整下人口总量和结构的变动、经济社会的发展和养老保险制度的变化,预测未来一定时间内中国城镇职工人数与退休人数,并对可能的制度改革等假设进行方案模拟,测算养老保险基金收支平衡。模型测算时间序列为逐年递推。测算的最小单元为分性别、分年龄的城镇职工的各种年度数据。测算参数包括人口、经济与养老保险制度参数。测算基年基础数据来自卫计委公布数据、统计年鉴和人保部公布数据。

基础养老金收入和支出模型主要关注的是养老保险缴费人口与缴费金额和养老金领取人口与养老金金额的精算,由于制度的转轨和国发〔1997〕26 号文、国发〔2005〕38 号文的两次制度改革,不同的模型根据不同的制度,不同的群体有着不同的缴费人口与缴费金额和领取人口与养老金金额的精算设定。

---

① PANDIS-INT 是在联合国人口司的指导下,由中国人口与发展研究中心依据队列分要素法开发的国际化人口预测软件,具有功能强大、技术先进、方便快捷、准确率高、可视化效果好、输入简单、输出结果丰富等特点,目前已在全球多个国家得到应用推广,并获得联合国、美国人口普查局、普林斯顿大学等国际权威机构高度认可。

1. 基础养老金收入模型

依据《关于建立统一的企业职工基本养老保险制度的决定》[①](国发〔1997〕26 号)中"企业缴纳基本养老保险费(以下简称企业缴费)的比例,一般不得超过企业工资总额的 20%(包括划入个人账户的部分)……个人缴纳基本养老保险费(以下简称个人缴费)的比例……最终达到本人缴费工资的 8%。……按本人缴费工资 11% 的数额为职工建立基本养老保险个人账户,个人缴费全部记个人帐户,其余部分从企业缴费中划入。随着个人缴费比例的提高,企业划入的部分要逐步降至 3%。"和《国务院关于完善企业职工基本养老保险制度的决定》[②](国发〔2005〕38 号)中"从 2006 年 1 月 1 日起,个人账户的规模统一由本人缴费工资的 11% 调整为 8%"的规定,第 t 年养老金的收入等于缴费职工人数与养老保险缴费金额的乘积,记为:

表 1-7　基础养老金收入模型

	缴费职工人数	缴费金额
养老金收入模型	$\sum_{x=a}^{b-1} La_{(x,t)}$	$c \overline{w_e} (1+g)^{t-k} R$

注:养老金收入模型中 $La_{(x,t)}$:t 年 x 岁城镇企业职工参保人数;g:工资的增长率;a:参加工作年龄;b:退休年龄;$\overline{w_e}$:基年 e 城镇企业在岗职工平均工资水平;c:缴费率;R:缴费工资占职工工资比例系数。

从表 1-7 中可以看出,基础养老金缴费收入测算主要缴费职工人数和缴费金额的计算,其中缴费职工人数可以通过总人口结构推

① 国务院关于建立统一的企业职工基本养老保险制度的决定[EB/OL]. 中国政府网,1997.07.16[引用日期 2016.03.12],http://www.gov.cn/ztzl/nmg/content_412509.htm.

② 国务院关于完善企业职工基本养老保险制度的决定[EB/OL]. 中国政府网,2005.12.3[引用日期 2016.03.12],http://www.gov.cn/zhuanti/2015-06/13/content_2878967.htm.

导出来,而缴费金额可以通过在一定的制度设计下,按照基础养老金缴费金额 = 缴费率×平均缴费工资基数计算获得。

2. 基础养老金支出模型

基础养老金支出模型相对比较复杂,主要原因在于国发〔1997〕26 号文、国发〔2005〕38 号文的两次制度改革导致养老金金额不同的计算公式,本书按"老人""新人""在职中人"和"退休中人"四类领取养老金人群分别构建基础养老金支出模型。

其中,按照《关于建立统一的企业职工基本养老保险制度的决定》[①](国发〔1997〕26 号)中"本决定实施前已经离退休的人员,仍按国家原来的规定发给养老金,同时执行养老金调整办法"的规定计算老人的基础养老金支出;按照《国务院关于完善企业职工基本养老保险制度的决定》[②](国发〔2005〕38 号)中"退休时的基础养老金月标准以当地上年度在岗职工月平均工资和本人指数化月平均缴费工资的平均值为基数,缴费每满 1 年发给 1%"的规定计算新人的基础养老金支出。

1998 年 1 月 1 日前参加工作,2006 年 1 月 1 日后退休的"在职中人"的基础养老金按照《国务院关于完善企业职工基本养老保险制度的决定》[③](国发〔2005〕38 号)中"退休时的基础养老金月标准以当地上年度在岗职工月平均工资和本人指数化月平均缴费工资的平均值为基数,缴费每满 1 年发给 1%"和《关于建立统一的企业职工基本

---

① 国务院关于建立统一的企业职工基本养老保险制度的决定[EB/OL]. 中国政府网,1997. 07. 16[引用日期 2016. 03. 12],http://www. gov. cn/ztzl/nmg/content_412509. htm.

② 国务院关于完善企业职工基本养老保险制度的决定[EB/OL]. 中国政府网,2005. 12. 3 [引用日期 2016. 03. 12],http://www. gov. cn/zhuanti/2015-06/13/content_2878967. htm.

③ 国务院关于完善企业职工基本养老保险制度的决定[EB/OL]. 中国政府网,2005. 12. 3 [引用日期 2016. 03. 12],http://www. gov. cn/zhuanti/2015-06/13/content_2878967. htm.

养老保险制度的决定》[1]（国发〔1997〕26号）中"本决定实施前参加工作、实施后退休且个人缴费和视同缴费年限累计满15年的人员，按照新老办法平稳衔接、待遇水平基本平衡等原则，在发给基础养老金和个人账户养老金的基础上再确定过渡性养老金，过渡性养老金从养老保险基金中解决"的规定，得出"在职中人"养老金支出由统筹账户养老金支出和过渡性养老金支出组成。过渡性养老金采用年功计算方法，一般为指数化月平均缴费工资、视同缴费年限和过渡系数的乘积。

1998年1月1日前参加工作，2006年1月1日前退休的职工"退休中人"的基础养老金支出是按照《关于建立统一的企业职工基本养老保险制度的决定》[2]（国发〔1997〕26号）中"退休时的基础养老金月标准为省、自治区、直辖市或地（市）上年度职工月平均工资的20％"和"本决定实施前参加工作、实施后退休且个人缴费和视同缴费年限累计满15年的人员，按照新老办法平稳衔接、待遇水平基本平衡等原则，在发给基础养老金和个人账户养老金的基础上再确定过渡性养老金，过渡性养老金从养老保险基金中解决"的规定得出"退休中人"基础养老金支出。

具体的计算公式如下：

表1-8 基础养老金支出模型

	领取人口	养老金金额
"老人"养老金支出模型	$\sum_{x=b}^{m-1} Lo_{x,t}$	$Q_e(1+pg)^{t-e}$

① 国务院关于建立统一的企业职工基本养老保险制度的决定[EB/OL].中国政府网,1997.07.16[引用日期2016.03.12],http://www.gov.cn/ztzl/nmg/content_412509.htm.
② 国务院关于建立统一的企业职工基本养老保险制度的决定[EB/OL].中国政府网,1997.07.16[引用日期2016.03.12],http://www.gov.cn/ztzl/nmg/content_412509.htm.

	领取人口	养老金金额
"新人"养老金支出模型	$\sum_{x=b}^{m-1} Ln_{x,t}$	$\dfrac{1}{2}\big[\overline{w_{(t-1)}} + \overline{w_{(x,t)}^{b-a}}\big](b-a)\%$
"在职中人"养老金支出模型	$\sum_{x=b}^{m-1} Lm_{x,t}$	$\dfrac{1}{2}\big[\overline{w_{(t-1)}} + \overline{w_{(x,t)}^{b-a}}\big](b-a)\% + fLm_{b,t}\,\overline{w_{(x,t)}^{b-a}}Y_x$
"退休中人"养老金支出模型	$\sum_{x=b}^{m-1} Lm'_{x,t}$	$20\%\overline{w_e}(1+g)^{t-1} + fLm'_{b,t}\,\overline{w_{(x,t)}^{b-a}}Y_x$

注：$\overline{w_{(t-1)}} = \overline{w_e}(1+g)^{t-k-1}$，$\overline{w_{(x,t)}^{b-a}} = \dfrac{\overline{w_{t-x+b-1}}}{b-a} \times \sum_{s=a}^{b-1} \dfrac{w_{(s,\,t-x+s)}}{w_{t-x+s}}$，其中，$\sum_{x=b}^{m-1} Lo_{x,t}$：t 年度城镇参保退休老人总数；$\sum_{x=b}^{m-1} Ln_{x,t}$ 为 t 年度满足退休年龄 b 岁新增退休新人人数；$\sum_{x=b}^{m-1} Lm_{x,t}$：t 年度满足退休年龄 b 岁新增退休在职中人人数；$\sum_{x=b}^{m-1} Lm'_{x,t}$ 为 t 年度满足退休年龄 b 岁新增退休中人人数；Q_e：基年退休人员平均养老金；p：退休人员基本养老金水平根据在岗职工平均工资年增长率进行调整的比例；m：最高生存年龄；$(1+pg)$ 又称之为综合调整系数；$\overline{w_{(t-1)}}$ 为退休上一年度在职职工平均工资；$\overline{w_e}$ 为基年在职职工平均工资；g 为平均工资增长率；$\overline{w_{(x,t)}^{b-a}}$：第 t 年 x 岁职工退休前指数化平均缴费工资；b：职工退休年龄；a：职工参加工作年龄；$(b-a)\%$ 为综合替代率；f：过度系数；Y_x：视同缴费年限。

对比不同群体基础养老金支出模型，结合基础养老金收支平衡数理分析可以看出，"老人""新人""在职中人"和"退休中人"群体的养老金金额的计算公式都可以统一为：基础养老金金额 = 社会平均工资 × 养老金综合替代率，区别在于养老金综合替代率的差别。即可以根据不同群体在养老金人口中的变动趋势与结构，设置合理的养老金综合替代率，从而测算总的养老金支出。

3. 基础养老金收支平衡模型

基础养老金收支平衡可分为两种，一是年度平衡；二是累计平衡，而累计平衡是年度平衡的加总，即追求较长时期内收支相等，期末基金累计收支为 0。一般收支平衡可以通过收支缺口测算来分析平衡条件，本研究根据现行的基础养老金收支规定，测算生育政策调整背景下基础养老金年度和累计收支缺口状况，模拟相应条件变化以追求基础养老金的长期财务平衡。

假设 t 年养老金收入记为 I_t，t 年养老金支出记为 P_t，t 年养老金收支差额记为 G_t，则 $G_t = I_t - P_t$；如果 $G_t > 0$，且基金结余用于投资并获得收益率为 R 的回报，则在第 n 年末基金结余为：

$$G_t = G^* + \sum_{t=t^*+1}^{n} (I_t - P_t)，其中，G^* = \sum_{t=1}^{t^*} (I_t - P_t) \times (1+R)^{n-t}$$

（t^* 是基金结余首次为负的时间）

基础养老金收支平衡的条件为：$\sum_{t=1}^{n} G_t = 0$

1.5.3 资料收集方法

本书的人口预测基础数据主要是使用现有的统计数据，诸如联合国人口司公布的关于中国人口相关数据、历年中国统计年鉴。养老金收支数据主要基于历年国民经济与社会发展统计公报、人力资源和社会保障事业发展统计公报等政府权威部门发布的统计数据。这些数据都可以通过 Internet 官网申请下载获得，这为相关科研提供了极大的便利。

中国城镇职工基本养老保险
基金现状分析

　　中国城镇职工基本养老保险基金现状可以通过人力资源与社会保障部公布的历年《人力资源和社会保障部事业发展统计公报》中的数据进行分析,公报的数据包括了年末全国参加城镇职工基本养老保险参保职工和参保离退休人员人数、全年城镇职工基本养老保险基金总收入(其中包括征缴收入,财政补贴收入)、全年城镇职工基本养老保险基金总支出和年末城镇职工基本养老保险基金累计结余等数据。从纵向时间跨度来看,数据能够反映最近20年的变化趋势,但由于城镇基本养老保险制度的改革,特别是影响养老金收支平衡的缴费和计发办法的变化,如《关于建立统一的企业职工基本养老保险制度的决定》(国发〔1997〕26号)和《国务院关于完善企业职工基本养老保险制度的决定》(国发〔2005〕38号)两个文件确定了最终的缴费收入与基金支出计算办法。因此,笔者选取2005—2015年间《人力资源和社会保障部事业发展统计公报》公布的城镇职工养老基金收支数据分析基本养老金收支平衡变动趋势。

2.1　2005—2015 职工基本养老保险基金收支平衡分析

2.1.1　基本养老金收支平衡分析

《人力资源和社会保障部事业发展统计公报》中城镇职工基本养老保险基金收入包括征缴收入、财政补贴和利息收入。城镇职工基本养老保险支出包括基本养老金支出、丧葬抚恤补助、转移支出和其他支出等项目。其中,基本养老金支出占据绝大份额[①]。年度基金收入减去年度基金支出为基金当期结余,其反映的是一年内养老金收支平衡状况;历年基金当期结余的加总为基金的累积结余,其反映的是一定时期内养老金收支平衡状况。从城镇职工基本养老保险基金收入来看,其包含的财政补贴收入是制度外生变量,严格意义上是不应该列入收支平衡计算公式,征缴收入才能真实反映城镇职工基本养老保险制度长期的筹资能力。因此,征缴收入减去基金支出为养老金制度收支平衡状况的真实反映。

表 2-1　2005—2015 年基本养老保险收支平衡变动状况　单位：亿元

年份	基金收入	征缴收入	财政补贴收入	基金支出	当期结余	累积结余	征缴收入一基金支出
2005	5093	4312	651	4040	1053	4041	272
2006	6310	5212	971	4897	1413	5489	315
2007	7834	6494	1157	5965	1869	7391	529
2008	9740	8016	1437	7390	2350	9931	626
2009	11491	9534	1646	8894	2597	12526	640
2010	13420	11110	1954	10555	2865	15365	555

---

① 以 2010 和 2011 年为例,全国养老保险支出分别为 10555 亿元和 12765 亿元,而基本养老金支出分别为 10294 亿元和 12539 亿元,分别占总支出的 97.5% 和 98.2%,说明除少量其他开支外,养老保险基金几乎全部用于待遇发放。

年份	基金 收入	征缴 收入	财政补 贴收入	基金 支出	当期 结余	累积 结余	征缴收入- 基金支出
2011	16895	13956	2272	12765	4130	19497	1191
2012	20001	16467	2648	15562	4439	23941	905
2013	22680	18634	3019	18470	4210	28269	164
2014	25310	20434	3548	21755	3555	31800	－1321
2015	29341	23016	4716	25813	3528	35345	－2797

注：数据来源于历年人力资源和社会保障事业发展统计公报与中国统计年鉴以及作者计算所得

　　从 2005—2015 年基本养老保险收支平衡变动状况可以看出(见表 2-1)，城镇职工基本养老保险基金收入从 2005 年的 5093 亿元增长到 2015 年的 29341 亿元，基本养老保险基金支出从 2005 年的 4040 亿元增长到 2015 年的 25813 亿元。基金收入大于基金的支出，反映在当期结余上看出从 2005 年的 1053 亿元增长到 2015 年的 3528 亿元，累积结余也从 2005 年的 4041 亿元增长到 2015 年的 35345 亿元，似乎可以得出基本养老保险收支平衡状况良好的结论。但如果剔除基金收入中的财政补贴收入，只看征缴收入与基金支出之间的变动趋势，基本养老保险收支平衡真实的状况就显得不容乐观了。

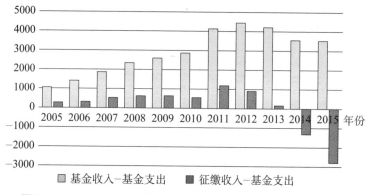

图 2-1　2005—2015 年基本养老保险基金结余额变动趋势(亿元)

从 2005—2015 年基本养老保险基金结余额变动趋势来看（见图 2-1），2013 年结余额显著下降，2014 年结余额出现"赤"字，结余额从 2005 年的 272 亿元波动到 2015 年的—2797 亿元。由此可以得出城镇职工基本养老保险债务风险被财政补贴所掩盖，剔除财政补贴后的城镇职工基本养老保险基金收支已经失衡。

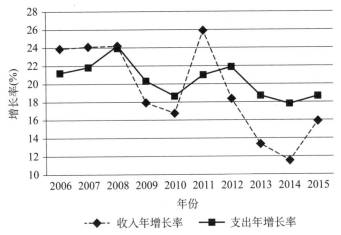

图 2-2　2005—2015 年基本养老保险基金收入和支出年增长率变动趋势

从收支同比增长率变动趋势来看，相对于收入年增长率，支出年增长率的波动小很多，且 2008 年后支出年增长率基本上都在收入年增长率之上。观察各自发展趋势可以得出，收入年增长率至 2011 年后有着断崖式下跌，虽然 2015 年有增长的势头，但不能改变其下降的趋势。反观支出增长率，至 2008 年下降，到 2010 开始缓慢上升，2012 年下降，到 2014 年缓慢上升，呈现波动上升的趋势。结合 2014 年扣除财政补贴后出现"赤"字基金结余额，城镇职工养老保险收支失衡的情况不会得到缓解，将越来越严重。

2.1.2　基础养老金收支平衡分析

基础养老金收支平衡分析是指城镇职工养老保险制度中统筹账

户的收支平衡,主要分为基本养老保险制度中统筹账户的缴费收入和统筹账户的养老金支出分析,具体的数据需要从《人力资源和社会保障部事业发展统计公报》中推导得出。

城镇职工基本养老保险制度中统筹账户的缴费收入即为基础养老金的缴费收入,按《国务院关于完善企业职工基本养老保险制度的决定》①(国发〔2005〕38 号)规定企业缴纳基本养老保险费的比例一般不得超过企业工资总额的 20%……从 2006 年 1 月 1 日起,个人账户的规模统一由本人缴费工资的 11% 调整为 8%,全部由个人缴费形成,单位缴费不再划入个人账户。由此我们设定基础养老金的缴费率为职工缴费工资的 20%。再结合历年人力资源和社会保障事业发展统计公报中城镇职工养老保险征缴收入、在职职工参保人数数据和历年统计年鉴中城镇在岗职工年平均工资数据,可以得出缴费工资占职工工资比例参数。具体而言即设定缴费工资占职工工资比例参数为 R,那么 R=征缴收入/(参保职工人数×年平均工资×28%),其中 28% 为缴费率,根据 38 号文规定,基本养老保险个人账户的缴费率为 8%,社会统筹账户缴费率为 20%,总和缴费率为28%。历年统计公报中征缴收入包括个人账户和统筹账户缴费,故缴费率为 28%。然后,根据基础养老金缴费收入的计算公式,即基础养老金缴费收入=参保职工人数×年平均工资×R×20%,得出2005—2015 年间基础养老金缴费收入数据。

根据《关于建立统一的企业职工基本养老保险制度的决定》②(国

---

① 国务院关于完善企业职工基本养老保险制度的决定[EB/OL]. 中国政府网,2005.12.3 [引用日期 2016.03.12],http://www.gov.cn/zhuanti/2015-06/13/content_2878967. htm.
② 国务院关于建立统一的企业职工基本养老保险制度的决定[EB/OL]. 中国政府网, 1997.07.16[引用日期 2016.03.12],http://www.gov.cn/ztzl/nmg/content_412509. htm.

发〔1997〕26 号)中规定区分领取养老金的"老人""中人"和"新人"。在初始就业年龄 21 岁,退休年龄 56 岁参数假设下[1],可以推导出"新人"领取养老金时间为 2033 年之后[2],1998 年 1 月 1 日前刚满 56 岁的"老人"在 2031 年达到极限年龄 90 岁,由此退出领取基础养老金的人群。1998 年 1 月 1 日前参加工作,2015 年 1 月 1 日前已领取退休金"中人"1998 年时的年龄范围集中在 40—55 岁,再根据过渡性养老金计算方法和个人账户可能积累额可以假定 2005—2015 年间人力资源和社会保障事业发展统计公报中养老金支出主要为统筹账户的养老金支出。

根据 2005—2015 年间人力资源和社会保障事业发展统计公报与中国统计年鉴数据,在一定的计算公式下得出基础养老金的收支平衡数据分布(见图 2-3)。

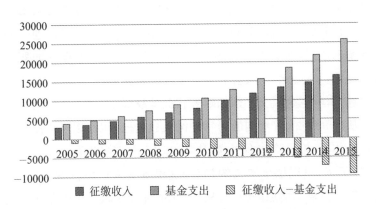

图 2-3　2005—2015 年基础养老金收入、支出及结余额变动趋势(亿元)

---

① 孙博.生育政策调整对基本养老金缺口的影响研究[J].人口与经济,2011(2):101—109.

② 胡晓义.走向和谐:中国社会保障发展 60 年[M].北京:中国劳动社会保障出版社,2009:88—89.

从 2005—2015 年间基础养老金收支平衡分析来看,基础养老金的支出增长大于征缴收入的增长,其收支"赤字"呈现加剧的趋势,从 2005 年将近 1000 亿的赤字扩大到 2015 年将近 10000 亿的赤字,可以得出基础养老金收支已严重失衡的结论。

总体来看,城镇职工养老保险制度本身收支已经出现收不抵支的情况,而且随着我国人口年龄结构的转变,老龄化、少子化和劳动年龄人口减少等收支平衡外生变量的负面影响,城镇职工养老保险收支失衡的风险将会越来越大。

2.2 职工基本养老保险历年参保人数分析

从收支平衡的数理分析中看出,养老保险历年参保人数对基本养老保险基金收支平衡有着重要的影响,而参保人数可分为参加养老保险在职职工人数和离退休职工人数,两者的关系可以通过制度赡养率来描述,即参加养老保险离退休职工人数占参保在职职工人数的比例。制度赡养率越高,养老金收支平衡的压力就越大,制度赡养率越低,养老金收支平衡的财务状况就越好。

从 1995—2015 年间的历年参保人数数据可以看出(见表 2-2),城镇基本养老保险参保人数从 1995 年的 10979 万人到 2015 年 35361 万人,呈现稳步增长的趋势,这里既有人口结构变动的原因,也有制度覆盖率增加的原因;从 2005 年后参保职工和离退休人员增长率数据可以看出,参保在职职工增长率呈现波动下降的趋势,而离退休职工人数增长率呈现波动上升的趋势,且离退休职工增长率已超过参保在职职工增长率。

表2-2 1995—2015年基本养老保险参保人数、赡养率变动趋势

单位：万人，%

年份	城镇基本养老保险参保人数	参保职工人数	参保职工增长率	离退人员人数	离退人员增长率	制度赡养率
1995	10979.0	8737.8	——	2241.2	——	25.65
1996	11116.7	8758.4	0.24	2358.3	5.22	26.93
1997	11203.9	8670.9	−1.00	2533.0	7.41	29.21
1998	11203.1	8475.8	−2.25	2727.3	7.67	32.18
1999	12485.4	9501.8	12.11	2983.6	9.40	31.40
2000	13617.4	10447.5	9.95	3169.9	6.24	30.34
2001	14182.5	10801.9	3.39	3380.6	6.65	31.30
2002	14736.6	11128.8	3.03	3607.8	6.72	32.42
2003	15506.0	11646.5	4.65	3860.2	7.00	33.14
2004	16352.9	12250.3	5.18	4102.6	6.28	33.49
2005	17487.9	13120.4	7.10	4367.5	6.46	33.29
2006	18766.3	14130.9	7.70	4635.4	6.13	32.80
2007	20136.9	15183.2	7.45	4953.7	6.87	32.63
2008	21891.1	16587.5	9.25	5303.6	7.06	31.97
2009	23549.9	17743.0	6.97	5806.9	9.49	32.73
2010	25707.3	19402.3	9.35	6305.0	8.58	32.50
2011	28391.2	21565.0	11.15	6826.2	8.27	31.65
2012	30426.8	22981.1	6.57	7445.7	9.08	32.40
2013	32218.3	24177.3	5.21	8041.0	8.00	33.26
2014	34124.4	25531.0	5.60	8593.4	6.87	33.66
2015	35361.0	26219.0	2.69	9142.0	6.38	34.87

资料来源：根据历年《人力资源和社会保障部事业发展统计公报》整理得出

从制度赡养率变动趋势可以看出（见图2-4），其整体呈现波动上升的趋势，反映出参保在职职工与离退休职工人数此消彼长的变化。制度赡养率变动主要与制度覆盖率变动和总人口年龄结构变动有关，从其波动趋势，特别是2011年后的快速上升，说明了人口年龄结构老化正成为影响城镇基本养老保险制度赡养率的主要因素。

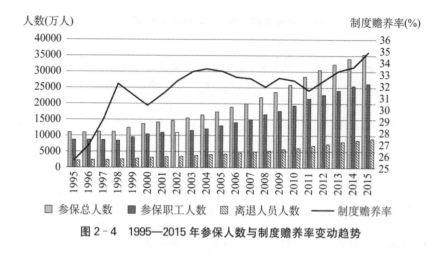

图 2-4 1995—2015 年参保人数与制度赡养率变动趋势

2.3 基础养老保险基金收入与支出结构

2.3.1 基础养老保险基金收入结构

通过描述基础养老保险基金收入的结构,可以把握其变动的趋势。基础养老保险基金收入影响因素包括劳动年龄人口数、参保在职职工人数等人口因素;缴费率和缴费工资占职工工资比例等制度因素;年度职工工资人均水平等经济因素。根据 2005—2015 年间人力资源和社会保障事业发展统计公报与中国统计年鉴中在职职工参保人数、城镇在岗职工年平均工资和基金征缴收入数据,在制度规定基础养老金 20%缴费率下,可以得出缴费工资占职工工资比例系数 R 和基础养老金征缴收入变化趋势。

表 2-3 2005—2015 年基础养老金收入结构描述

年份	参保在职职工人数(万人)	城镇在岗职工年平均工资(元)	缴费率(%)	R系数(%)	征缴收入(亿元)
2005	13120.4	18364	20	63.92	3080
2006	14130.9	21001	20	62.72	3723

年份	参保在职职工人数(万人)	城镇在岗职工年平均工资(元)	缴费率(%)	R系数(%)	征缴收入(亿元)
2007	15183.2	24932	20	61.27	4639
2008	16587.5	29229	20	59.05	5726
2009	17743.0	32736	20	58.62	6810
2010	19402.3	37147	20	55.05	7936
2011	21565.0	42452	20	54.44	9969
2012	22981.1	47593	20	53.77	11762
2013	24177.3	52388	20	52.54	13310
2014	25531.0	57361	20	49.83	14596
2015	26219.0	63241	20	49.57	16440

注：数据来源于历年人力资源和社会保障事业发展统计公报与中国统计年鉴；R系数和征缴收入来源于作者计算。

从 2005—2015 年基础养老金收入结构描述中可以看出(见表 2-3)，基础养老金的征缴收入是按参保在职职工缴费工资总额的 20% 缴纳，其中缴费工资是城镇在岗职工年平均工资一部分，在制度规定基础养老金 20% 缴费率下，缴费工资占职工工资比例系数呈现下降的趋势。

2.3.2　基础养老保险基金支出结构

基础养老保险基金支出影响因素包括养老金计发办法、上年度退休金水平和养老金调整比例等制度因素；上年度职工工资人均水平和工资增长率等经济因素；退休年龄和领取养老金职工人数等人口因素。根据各因素之间的关系可以得出公式：基础养老金支出＝上年度基础养老金支出水平×综合调整系数＋新增退休人数×上年度城镇职工平均工资×综合替代率，从而分析基础养老金支出变动趋势。

表 2 - 4   2005—2015 年基础养老金支出结构描述

年份	上年度人均工资(元)	上年度退休人数(万人)	新增退休人数(万人)	上年度养老金支出(亿元)	基金支出(亿元)
2005	16024	4102.6	264.9	3502.1	4040
2006	18364	4367.5	267.9	4040.3	4897
2007	21001	4635.4	318.3	4896.7	5965
2008	24932	4953.7	349.9	5964.9	7390
2009	29229	5303.6	503.3	7389.6	8894
2010	32736	5806.9	498.1	8894.4	10555
2011	37147	6305	521.2	10554.9	12765
2012	42452	6826.2	619.5	12764.9	15562
2013	47593	7445.7	595.3	15561.8	18470
2014	52388	8041	552.4	18470.4	21755
2015	57361	8593.4	548.6	21754.7	25813

注：数据来源于历年人力资源和社会保障事业发展统计公报与中国统计年鉴；新增退休人数来源于作者计算。

利用 2005—2015 年间人力资源和社会保障事业发展统计公报中基金支出数据、年度退休人数数据与中国统计年鉴中年度人均工资数据，在养老金支出公式的基础上建立回归模型，即在设定新增退休人数与上年度人均工资乘积为计发工资基数下，以基金支出为因变量，上年度养老金支出和计发工资基数为自变量，利用 2005—2015 年间数据拟合基金支出的回归模型，结果如下：

$$P_t = 155.802 + 0.306W_{(b, t-1)} + 1.130P_{t-1}$$

其中，调整的 R^2 达到 0.999，拟合效果符合预期。从回归模型中可以看出，基础养老金支出综合调整系数为 1.130，综合替代率为 30.6%。

2.4　小结

从中国城镇职工基本养老保险收支平衡现状可以看出城镇职工

基本养老保险债务风险被财政补贴所掩盖,剔除财政补贴后的城镇职工基本养老保险基金收支已经失衡。其基金的结余额 2014 年出现"赤"字,2015 年赤字进一步拉大。结合城镇职工养老保险收支同比增长率变动趋势来看,2012 年后基金年支出增长率大于基金年收入增长率,因此城镇职工养老保险收支失衡的情况不会得到缓解,将越来越严重。

从 2005—2015 年间基础养老金收支平衡分析来看,基础养老金的支出增长大于征缴收入的增长,其收支"赤字"呈现加剧的趋势,从 2005 年将近 1000 亿的赤字扩大到 2015 年将近 10000 亿的赤字,可以得出基础养老金收支已严重失衡的结论。

结合基本养老保险制度历年参保人数分析和基金收入支出结构来看,城镇职工养老保险制度本身收支失衡的风险会随着我国人口年龄结构的老化、少子化、劳动年龄人口的不断下降,制度赡养率的上升等收支平衡外生变量的负面影响,变得越来越大。

3

生育政策调整对总和生育率的影响

  未来人口发展趋势的影响因素有人口的出生、死亡和迁移等。一般学界用总和生育率指标来衡量一定时期内的生育水平,这样生育政策调整对人口规模和年龄结构的影响可以拆分为生育政策调整对总和生育率的影响与总和生育率的变动对人口规模和年龄结构的影响。

3.1 生育政策调整下总和生育率测算文献回顾

  有一部分学者认为中国已经掉入低生育率陷阱,现在中国生育人群减少和生育意愿下降,故已经进入了"超低生育率陷阱",即使生育政策完全放开,也难以摆脱持续的超低生育率格局。但也有一部分学者认为"中国当前实际 1.5—1.6 之间的总和生育率,主要原因是当前生育政策抑制了生育水平"[1],因而在生育政策逐步放开背景下生育水平存在较大的上升空间[2]。

---

① 陈卫. 2000 年以来中国生育水平评估[J]. 学海,2014(1):16—24.
② 靳永爱. 低生育率陷阱:理论、事实与启示[J]. 人口研究,2014(1):3—17.

3.1.1 基于生育意愿的总和生育率估计

庄亚儿等[①]认为当前生育政策与生育水平之间的关系可以理解为,生育政策既一定程度上抑制了生育意愿,也存在意愿生育水平低于政策生育水平的情况。王军等[②]研究显示我国普遍意愿生育水平为 1.9,而实际的生育水平要低得多,说明生育政策对生育率有一定的抑制作用。

王广州[③]根据 2013 年包括农业—孩育龄妇女终身打算生育二孩的比例在 80%左右,其中有明确生育计划的一孩育龄妇女不到 70%等数据的生育意愿调查,估计上限假定农业育龄妇女的终身二孩递进率为 90%,得出全面二孩政策下的总和生育率的上限为 2.1。2016年时期生育水平应该在 1.8 左右的可能性较大。

总和生育率估计还包括了基于经济社会发展对总和生育率的估计,Myrskyla 等[④]利用生育水平与人类发展指数之间的关系推断出中国当前的社会经济发展水平下对应的总和生育率至少应在 2.3 左右的水平。

3.1.2 "单独二孩"政策下总和生育率估计

有的学者认为"单独两孩"政策调整初期卫计委统计的持续增长的申报总量说明了生育水平上升的趋势。如原新[⑤]认为单独二孩生育政策调整使总和生育率从 1.5—1.6 之间上升到 1.6—1.7 之间。

① 庄亚儿,姜玉,王志理,李成福,齐嘉楠,王晖,刘鸿雁,李伯华,覃民. 当前我国城乡居民的生育意愿——基于 2013 年全国生育意愿调查[J]. 人口研究,2014(3):3—8.

② 王军,王广州. 中国育龄人群的生育意愿及其影响估计[J]. 中国人口科学,2013(4):20—25.

③ 王广州. 影响全面二孩政策新增出生人口规模的几个关键因素分析[J]. 学海,2016(1):85—87.

④ Mikko Myrskyla, Hans-Peter Kohler, Francesco C. Billari. 2009. Advances in Development Reverse Fertility Declines. Nature 6:741－743.

⑤ 原新. 我国生育政策演进与人口均衡发展——从独生子女政策到全面二孩政策的思考[J]. 人口学刊,2016(5):5—14.

翟振武[①]按照 2015 年 1800 万的年度出生人口数量来推算 2015 年中国育龄妇女的总和生育率将高达 1.717 的水平,且总和生育率水平将可能在 1.7 左右的水平上维持一段时间;根据"2014 年底全国有106.9 万对单独夫妇申请再生育"和国家统计局公布"2014 年我国出生人口为 1687 万,比 2013 年多出生 47 万"判断"单独二孩"政策基本符合预期,未出现明显"遇冷"的迹象。[②]

但有的学者指出国家卫计委 2015 年 1 月公布的数据显示:截至2014 年 12 月,全国二孩申请有近 100 万对单独夫妇,获批的有 92 万对,能够产生生育行为的会更少,与政策开始执行前估计每年新增200 万出生婴儿的判断相差甚远。2014 年 12 月"面向未来的中国人口研究暨第三次生育政策研讨会"上形成的学界研究共识是:"单独二孩"政策"遇冷"[③]。孙友然、温勇、焦永纪[④]研究显示 2015 年我国出生人口总数为 1655 万人,比 2014 年减少了 32 万人。"单独二孩"政策下出生人口不升反降说明了政策"遇冷"的事实。郑真真[⑤]从上海市和湖北省 2014 年二孩申请和生育状况得出符合条件的单独家庭对生育政策调整有一定的响应,但并未引起生育的反弹。揭示了目前人们生育意愿普遍较低的现实,生育政策调整引起的生育水平的变动将是长期和平缓的变化。

3.1.3 "全面两孩"政策下总和生育率估计

有的学者从生育率变动规律出发判断"全面两孩"政策对总和生

---

① 翟振武. 中国出生人口的新变化与趋势[J]. 人口研究,2015(2):48—54.

② 翟振武,陈佳鞠,李龙. 中国出生人口的新变化与趋势[J]. 人口研究,2015(2):48—56.

③ 乔晓春. 实施"普遍二孩"政策后生育水平会达到多高? ——兼与翟振武教授商榷[J]. 人口与发展,2015(1):2.

④ 孙友然,温勇,焦永纪."全面两孩"政策对我国计划生育政策体系的影响研究[J]. 中州学刊,2016(11):62—66.

⑤ 郑真真. 生育政策调整后的人口探讨与反思[J]. 产经论坛,2016(3):72—73.

育率的影响是有限的,如郭志刚[①]认为当前我国育龄妇女的生育水平已经下降到极低水平,"全面两孩"政策的实际生育结果肯定会显著低于两个孩子,即总和生育率必定是低于更替生育水平,因此"全面两孩"政策不能改变中国人口负增长的发展趋势。陈友华[②]认为中国低生育率机制早已形成,其认为"全面二孩"生育政策调整短时间内会增加出生人数,增加未来劳动力供给,缓解少子化与老龄化,但中国低生育率的趋势不会因为生育政策调整而得以逆转[③];其指出随着经济社会的发展,人们的生育愿望是在下降的,意愿生育孩子数已经低于更替水平。世界各国的人口发展规律表明,经过人为的努力降低生育率是可能的,但想提高已经很低的生育率则是不太可能,因此出生率下降到一定的程度再放宽人口控制,指望生育水平显著提高会是一个美好的神话[④]。刘家强、唐代盛[⑤]研究显示"全面两孩"生育政策调整可以在一定程度上提升育龄妇女的生育率水平,但不能改变我国总和生育率长期低于更替水平的发展趋势。

　　有的学者通过不同的测算模型分析"全面两孩"政策下可能的生育水平,以及可能产生的影响。如乔晓春[⑥]研究结论认为"全面两孩"政策下的总和生育率峰值会在 2.17 至 2.68 之间;翟振武、李龙、陈佳鞠[⑦]研究显示全面两孩政策调整的 5 年内总和生育率预计最高将会达到 2.1,并最终降至大约 1.8 的水平。5 年后大约维持在 1.70—

① 郭志刚. 清醒认识中国低生育率风险[J]. 国际经济评论,2015(2):101—110.
② 陈友华. 全面二孩政策与中国人口趋势[J]. 学海,2016(1):62—65.
③ 同上书。
④ 陈友华. 关于生育政策调整的若干问题[J]. 人口与发展,2008(1):24—35.
⑤ 刘家强,唐代盛. "普遍两孩"生育政策的调整依据、政策效应和实施策略[J]. 人口研究,2015(6):3—12.
⑥ 乔晓春. 实施"普遍二孩"政策后生育水平会达到多高? ——兼与翟振武教授商榷[J]. 人口与发展,2015(1):2.
⑦ 翟振武,李龙,陈佳鞠. 全面两孩政策对未来中国人口的影响[J]. 东岳论丛,2016(2):84—86.

1.75 之间。李桂芝等①研究显示"全面两孩"政策实施初期总和生育率可以达到 2.0,堆积生育势能释放后,总和生育率会稳定在 1.8 左右。王金营、戈艳霞②测算结果显示,"全面两孩"政策下城镇潜在目标群体约为 7503 万人,农村潜在目标群体约为 4511 万人,"全面两孩"生育政策调整初期,总和生育率最高达到 2.20 以上。随着生育势能的逐渐释放,2020—2030 年间的总和生育率将保持在 1.76—1.80 之间。原新③研究显示"全面两孩"生育政策调整会使总和生育率的峰值达到 2.1 左右,生育堆积释放后回落至 1.7 左右,其认为生育政策调整有利于促进生育率回升接近更替水平,有利于人口自身协调发展,有利于促进人口长期均衡发展。

有学者认为"全面两孩"政策实施后人口将会出现急剧增长的现象。如翟振武等④认为实施"全面两孩"政策后我国年度出生人口将会快速而大量增加,高峰时期育龄妇女的生育水平约为 4.5 个,其认为中国目前的总和生育率并未低至危机之中。伴随着生育政策的进一步调整完善,中国的生育水平仍具有回升潜力,未来短期内总和生育率可能会上升至 1.7 以上的水平。虽然全面两孩政策下目标人群规模庞大,但由于其人口年龄结构的老化和低生育意愿导致的新增出生人口数量却相对有限。⑤

有学者从国家生育政策的外部控制与家庭生育意愿的内部约束

① 李桂芝,崔红艳,严伏林,权少伟. 全面两孩政策对我国人口总量结构的影响分析[J]. 人口研究,2016(4):52—59.

② 王金营,戈艳霞. 全面二孩政策实施下的中国人口发展态势[J]. 人口研究,2016(6):3—21.

③ 原新. 我国生育政策演进与人口均衡发展——从独生子女政策到全面二孩政策的思考[J]. 人口学刊,2016(5):5—14.

④ 翟振武,张现苓,靳永爱. 立即全面放开二胎政策的人口学后果分析[J]. 人口研究,2014(2):21—28.

⑤ 翟振武,李龙,陈佳鞠. 全面两孩政策下的目标人群及新增出生人口估计[J]. 人口研究,2016(4):35—50.

之间的关系判断"全面两孩"政策下总和生育率发展趋势。如陈佳鞠、翟振武[①]认为中国现阶段的人类发展指数所拟合函数推算出的总和生育率应为 2.3 左右,中国目前的总和生育率实际值之所以低于拟合值是因为计划生育政策对生育行为的外部约束。随着生育政策进一步调整完善和经济社会的发展,中国的总和生育率将可以维持在 1.67 及以上的水平。

有的学者从生育意愿与生育行为之间的关系研究了生育政策调整下总和生育率的变动趋势。如王军、王广州[②]利用 2010 年、2011年中国社会状况综合调查和 2012 年、2013 年中国家庭幸福感热点问题调查数据,对中国目前的生育意愿和未来的变化趋势进行了分析,得出中国目前意愿生育水平均值为 1.86 左右,生育意愿本身已经显著低于更替水平;假定没有生育政策下的终身生育水平仅为 1.68,远低于 2.10 的更替水平,即不管生育政策是否调整,中国人口转变模式都不会发生大的改变,"全面两孩"政策对中国生育水平的提升作用有限。

综合以上不同学者的研究结论可以得出中国整体的国家生育政策的外部控制大于家庭生育意愿的内部约束,即包括"单独两孩"和"全面两孩"在内的生育政策调整对未来总和生育率是有显著影响的。从长期来看,未来一段时间内的总和生育率会上升到更替水平,然后缓慢下降并最终保持在国家卫计委希望的 1.8 左右,虽然生育政策调整下生育水平在短期内会出现较大波动,出生人口将有一定上升,但未来的人口趋势不可能出现根本逆转[③],总和生育率将继续

---

① 陈佳鞠,翟振武.20 世纪以来国际生育水平变迁历程及影响机制分析[J].中国人口科学,2016(2):13—25.

② 王军,王广州.中国低生育水平下的生育意愿与生育行为差异研究[J].人口学刊,2016(2):5—16.

③ 翟振武.人口新常态与人口政策[J].攀登,2015(6):1—9.

保持在更替水平以下,低生育水平维持稳定。

3.1.4　生育政策调整下人口预测的改进

（1）预测目标家庭数量数据的改进

基于六普的数据,有的学者认为六普总和生育率的1.18说明存在着比较严重出生人口的漏报和瞒报,而这部分没有报出来的出生人口绝大多数都应该是二孩及二孩以上,这会导致一孩家庭规模被高估[①];有的学者认为普查数据是可以接受的,如郭志刚[②]研究1997年以来的调查数据认为,历次调查的结果大体上是可以吻合的。基于省全员信息库数据,如湖北省全员数据库中提取了湖北省所有目标家庭数据为基础数据,这种预测也存在局限性,一是假定全员信息库数据准确的前提;二是全国的预测信息量太大,没有及时更新的全员信息库;三是涉及政府信息开放性,有些学者的研究是有其便利性的,而其他学者和其他省的数据不具备这样的条件。

预测的基础数据是否存在质量问题,这里不再探讨,关键是不管是普查数据还是原有的全员数据库数据都缺少家庭夫妻一方兄弟姐妹的数据,所以以此为基础预测目标家庭数量会存在较大的误差。相对而言,全国范围内的预测应该以国家卫计委最新公布目标家庭数为基础数据。

（2）预测目标家庭生育意愿数据的改进

关于"是否生育二孩"的意愿预测,庄亚儿等[③]调查比例为60.8%,考虑其2013年的调查是在"单独二孩"政策实施前,"是否生

① 乔晓春."单独二孩"政策下新增人口测算方法及监测系统构建[J].人口与发展,2014(1):5.

② 郭志刚.六普结果表明以往人口估计和预测严重失误[J].中国人口科学,2011(6):2—5.

③ 庄亚儿,姜玉,王志理,李成福,齐嘉楠,王晖,刘鸿雁,李伯华,覃民.当前我国城乡居民的生育意愿——基于2013年全国生育意愿调查[J].人口研究,2014(3):3—8.

育二孩"的意愿更接近于人们的理想孩子数,偏离了人们实际的生育行为,"单独二孩"政策调整后,人们面临实际生育选择的时候会更多地考虑到现实问题。郑真真[1]2010 年研究显示符合二孩政策妇女中实际已有两个孩子的占 27.3%,2014 年研究显示七年跟踪数据估计该地区符合政策可生二孩的夫妻最多有 30%生育二孩,其 2007-2014 年的时间跟踪调查研究有三个因素需要考虑,一是七年时间二孩生育基本释放完成,可以看成是终身生育水平;二是其调查起始年份为 2007 年的生育意愿产生的生育水平,按生育意愿和生育水平随年份的增加而下降的假设,2014 年的生育意愿产生的生育水平应低于 30%;三是其调研包括城乡(25 个村委会和 24 个居委会),而生育政策调整下的目标家庭主要集中于城市,如石智雷等[2]调研显示单独目标家庭超过三分之二在城市,按城市生育意愿低于农村的假设,30%可能偏高。石智雷目标家庭样本中明确回答"要二孩"占 21.51%,其调查的对象是 2014 年单独政策实施后的单独目标家庭,且生育二孩意愿设计的问题是"您是否打算生育二孩",并进一步追问"如果有,您打算什么时候生育二孩",这种问题的回答更加接近生育行为的发生,故可以把生育二孩的 30%比例作为生育政策调整下二孩生育行为预测的高方案对待,把 21.51%作为生育政策调整下二孩生育行为预测的低方案对待。

关于"计划什么时候生育二孩"的意愿预测,乔晓春[3]的数据样本量很小(合计 20 人),不能真实地反映意愿;庄亚儿的数据中回答"未

---

[1] 郑真真. 生育意愿的国际比较、中国现实及政策含义[J].《人口与经济》创刊 30 年暨人口、就业和社会保障学术研讨会论文集,2010:78.

[2] 石智雷,杨云彦. 符合"单独二孩"政策家庭的生育意愿与生育行为[J]. 人口研究,2014(5):30.

[3] 乔晓春. "单独二孩"政策下新增人口测算方法及监测系统构建[J]. 人口与发展,2014(1):5.

确定"占 59.6％,比例太高,不能反映完整的分布;曹立斌、杨云彦、石智雷调研数据是在 2014 年 6 月完成,即在"单独二孩"政策实施后,有部分家庭已孕,不能完全反映时间安排意愿。故采用翟振武等[①]根据 2013 年中国人口与发展中心组织的生育意愿调查推导的假定,即二孩的生育行为会按照 20％、35％、25％和 20％的分布在生育政策调整后的四年内释放。

(3) 生育政策调整下人口预测方法的改进

1. 用生育意愿预测二孩生育行为的改进

生育政策调整下目标家庭二孩生育行为预测不同于常规的人口预测,其需要考虑目标家庭生二孩的累积效应,也就是说目标家庭由于一孩政策或者一孩半生育政策抑制了想生二孩的意愿,一旦二孩生育政策放开,她们被压抑的生育二孩的行为会在数年内发生,因此生育政策调整后一定时期内新增出生人数将会跳跃式上升,这种生育模式是一种因堆积效应释放而出现的生育率弹升模式。对于这种模式的预测,翟振武等[②]提出一种简单可行的测算方法,即生育政策调整后,堆积效应下的二孩生育数量的多少取决于政策影响下目标家庭的数量规模和家庭生二孩的意愿,即基于生育意愿的生育行为预测。

基于生育意愿的生育行为预测,首先得考虑生育意愿与生育行为的关系。郑真真把生育意愿的测量维度划分为:理想子女数,即在不考虑生育政策和其他条件,一般家庭对有几个孩子最理想的回答;期望生育子女数,即希望生育孩子数量;生育意向,即如果政策允许是否会再要一个孩子的回答;生育计划,即再生育一个孩子的时间

---

① 翟振武,张现苓,靳永爱. 立即全面放开二胎政策的人口学后果分析[J]. 人口研究,2014 (2): 3—9.

② 翟振武,张现苓,靳永爱. 立即全面放开二胎政策的人口学后果分析[J]. 人口研究,2014 (2): 3—9.

安排。并进一步指出,理想子女数反映社会达成共识的观念,该指标变化缓慢且滞后于生育率变化,只能适用于对群体生育观念变迁的回顾性研究,不能用于未来时期生育水平的预测;期望子女数,可以作为可能达到的最高终身生育水平来对待;生育意向,是最接近现实的生育意愿指标且对已经生育妇女的未来生育行为预测可靠性更强;有明确时间、基于孩次的生育计划更有可能转化为生育行为且能更为有效预测未来的生育行为。按此分类"是否生育二孩"和"计划什么时候生"的问题属于生育意愿里的生育意向和生育计划,能够较为准确地预测未来的生育行为。

但"是否生育二孩"和"计划什么时候生"的意愿受到目标育龄妇女年龄、常住地区、目标家庭已生一孩年龄、育龄妇女的学历、育龄妇女的职业、育龄妇女的受教育水平和一孩的性别等的影响。它是随时间而动态变化的,因此生育意愿与时间的这种相关性决定了只能用生育意愿对目标家庭生育行为进行短期预测,不能长期预测,时间越长,预测准确性越差,且需要分年龄、分常住地区、分一孩生育间隔来分别预测。笔者认为可以用"是否生育二孩""什么时间生育二孩"的意愿预测生育政策调整下目标家庭短期内的二孩生育行为。

2. 年龄—孩次递进预测方法的应用

年龄—孩次递进预测方法在生育政策调整背景下二孩生育行为预测研究中的应用,可以一定程度上弥补利用生育意愿预测生育政策调整下目标家庭短期内的二孩生育行为的不足,从另一个角度拓展预测方法的精确性。

王广州[①]认为缺乏育龄妇女生育史的数据模型都不能准确地对生育政策调整下的生育行为进行分析。他提出可以利用孩次递进预

① 王广州.生育政策调整研究中存在的问题与反思[J].中国人口科学,2015(2):2—15.

测模型,根据育龄妇女的孩次、年龄汇总数据,对生育政策调整影响的目标育龄妇女进行明确的孩次划分。然后,在条件概率生育的基础上进行分孩次预测。郭志刚[①]也指出常规生育率预测方法不能控制妇女孩次结构的缺陷,用于生育政策调整下生育行为预测模拟会严重影响其研究结果的有效性,而在人口预测中应用递进生育模型可以控制育龄妇女的孩次结构,可以使人口预测的有效性增强。其在马瀛通的孩次递进生育模型基础上,提出了利用人口普查数据,由少数生育水平参数反推整套分孩次的年龄别递进比用于预测具体计算方法。

但现有的学术研究中,利用此方法分析生育政策调整下二孩生育行为的文献很少,只有王广州[②]以此为基础,在计算机微观随机人口仿真预测模型帮助下,估计了 2014 年开始放开单独二孩会新增多少出生人口。究其原因是因为分孩次预测中条件概率的范围确定,需要准确把握生育政策调整下的二孩生育模式规律,而生育模式规律的把握需要考虑到已完成生育史育龄妇女的生育模式,还需要考虑单独、双独生育政策调整时已有的生育模式规律。关于这些,王广州在其微观随机人口仿真预测模型中做出了有益的探索。王金营、戈艳霞[③]利用分家庭类型的分年龄别孩次递进生育率模型测算全面两孩政策下新增出生人口和未来人口发展趋势。总的来说,年龄—孩次递进预测方法在生育政策调整下二孩生育行为预测中的应用是可以弥补基于生育意愿预测方法的不足。

① 郭志刚. 关于生育政策调整的人口模拟方法探讨[J]. 中国人口科学,2004(2):2—12.
② 王广州. 生育政策调整研究中存在的问题与反思[J]. 中国人口科学,2015(2):2—15.
③ 王金营,戈艳霞. 全面二孩政策实施下的中国人口发展态势[J]. 人口研究,2016(6):3—21.

3.2 生育政策调整下总和生育率的预测思路

生育政策调整对未来总和生育率的影响,可以通过生育政策的外部控制和生育意愿的内部约束两个概念来理解,如果生育政策的外部控制大于生育意愿的内部约束时,那么生育政策是有效果的,即通过生育政策能够有效地降低生育数量或影响生育结构;如果生育意愿的内部约束大于生育政策的外部控制时,那么生育政策是无效的,即生育政策的变动不会影响生育数量或生育结构。生育政策外部控制与生育意愿内部约束两者共同通过生育行为对未来总和生育率产生影响,生育政策调整下的未来生育水平预测的主要思路是考察生育政策作用于生育意愿产生的生育行为变动对未来总和生育率的影响,即如果调整前生育政策外部控制大于生育意愿的内部约束时,那么生育政策放开后因为生育势能的集中释放而产生"生育堆积"或者"生育反弹";如果生育意愿的内部约束大于生育政策的外部控制时,那么生育政策放开后由于生育意愿的内部约束而产生"生育遇冷"的现象,由此从宏观层面把握生育政策调整对预测期内总和生育率的影响。

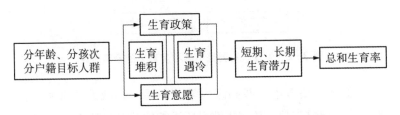

图3-1 生育政策调整对总和生育率的影响

生育政策调整下的总和生育率变动的重点是关注生育政策调整所带来的新增出生人数。按照分要素预测法的基本要求,具体的研究思路为：将生育政策调整时现有政策目标人群可能生育的二孩数量称为"存量生育数"。"存量生育数"可以分解到政策调整后的每一年之中。首先，确定政策目标人群的规模；其次，确定总的"存量生育数"，即根据调查生育意愿的情况和响应规律，确定政策目标人群生育二孩的比例，简称"释放比例"；再次，明确"存量生育数"在政策调整后的各年中的生育分布，即"释放进度"。同样，我们将生育政策调整后新增的政策目标人群可能生育的二孩数量称为"增量生育数"。"增量生育数"也可以分解到政策调整后的每一年之中。增量生育数的计算类似于存量生育数的计算，同样需要计算"释放比例"和"释放进度"。

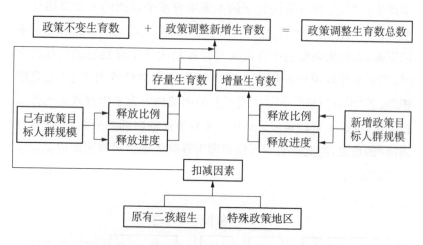

图 3-2　生育政策调整下总和生育率的预测思路

最后，还需要考虑一些扣减因素。主要的扣减因素有两个：一是按照政策调整前的二孩超生情况所推算的政策目标人群（包括"已有"和"新增"）中可能的超生数量；二是要考虑特殊政策地区的情况。如一直以来实施全面二孩政策地区，所有全面二孩政策的实施对该地区没有实质性的影响的，在计算新增生育数的时候应该扣减这部分人群的生育量。

3.3　生育政策调整下总和生育率的预测方法

生育政策调整下未来总和生育率预测是基于生育政策调整下生育水平的判断，可以采用年龄—孩次递进模型预测生育政策调整下的总和生育率。

年龄—孩次递进预测模型相对于传统的生育预测方法，更能准确预测生育政策调整下的生育水平。因为传统的生育预测方法在生育政策调整下的总和生育率预测中无法区分育龄妇女的孩次结构。具体而言就是传统生育预测采用年龄别生育率乘以年龄别育龄妇女总数来预测生育数量，其也可以分孩次计算，但只是分子，即生育结果划分了孩次；而分母，即基数没有育龄妇女的孩次结构信息，所以年龄别生育率只控制了育龄妇女的年龄结构，但不能控制孩次结构影响。年龄—孩次递进预测模型既可以控制年龄结构，也可以控制孩次结构，符合生育政策调整下的生育水平预测。郭志刚[①]针对传统生育率预测不能控制妇女孩次结构的缺陷，介绍了年龄—递进模型的应用方法。

3.3.1　利用年度数据计算孩次递进比

在假定生育水平只与年龄、孩次结构、生育意愿和生育政策有关基础上，分年龄孩次递进比的一般公式为：$p_{x,i}^{t} = \dfrac{B_{x,i}^{t}}{W_{x,i-1}^{t-}}$

其中，x 为年龄，i 为孩次，$W_{x,i-1}^{t-}$ 为时点 t 年期初（标记为 t−）x 年龄组已生育 i−1 孩次的妇女人数；$B_{x,i}^{t}$ 为 $W_{x,i-1}^{t-}$ 这个妇女队列 t 年份内 x 年龄组 i 孩次生育数；$p_{x,i}^{t}$ 表示为时点 t 年期初 x 年龄组妇

---

① 郭志刚.关于生育政策调整的人口模拟方法探讨[J].中国人口科学,2004(2)：2—12.

女在 t 年中 i 孩次递进比。

郭志刚提出,用年度数据计算分年龄分孩次递进比时,公式可以转变为:

$$p_{x,i}^t = \frac{\Delta W_{x+t,\to i}^{-t}}{W_{x+t,i-1}^{-t} - \Delta W_{x+t,\to(i-1)}^{-t} + \Delta W_{x+t,\to i}^{-t}}$$

其中,分子为调查时点之前 t 年内的 x 岁年龄组妇女队列的 i 孩次生育数(不考虑多胞胎的情况下,等同于妇女人数),分母为调查时点 t 年前(标记为 −t)x 岁年龄组已生育 i−1 孩次的妇女人数。分子和分母都对应着调查时点 t 年前 x 妇女这一队列,利用年度数据分析时,分子不是常规生育率那样指的是 x+t 内部的生育水平,而是指调查时点 t 年前期初为 x 岁的队列在年龄推移至 x+t 岁的 t 年期间中的 i 孩次的生育数,而不管其生育年龄到底是 x 岁还是 x+t 岁。年度数据提供了调查时点的数据和调查时点汇总的前一调查周期(通常是一年)分孩次生育数,由这些数据在一定的假设前提下,可以推导出符合标准孩次递进比计算公式所需的数据。由于年度数据提供的是调查时点的数据,即 x+t 时的数据,用调查时点 x+t 岁的分年龄妇女数据计算 x 岁的递进比需要从调查时点反推 t 年。

这个公式重要的意义在于可以利用年度数据来计算孩次递进比,即特定的队列中有多大比例发生了孩次递进[①]。

当 t=1 时,我们可以继续转化公式

(1) 在时间间隔为 1 年条件下,利用年度数据计算 1 孩递进比公式:

$$p_{x,1}^1 = \frac{\Delta W_{x+1,0\to1}^{-1}}{W_{x+1,0}^{-1} + \Delta W_{x+1,0\to1}^{-1}}$$

---

① 郭志刚. 孩次递进比的计算与调整生育指标的理解[J]. 中国人口科学,2006(5):84—88.

$W_{x+1,0}^{-1}$ 为调查时点 $x+1$ 岁年龄组未生育的妇女人数。
$\Delta W_{x+1,0\to1}^{-1}$ 为不考虑迁移、死亡和多胞胎的情况下,调查时点 $x+1$ 岁
年龄组前 1 年内生育了 1 孩的妇女人数。

（2）在时间间隔为 1 年条件下,利用年度数据计算 2 孩递进比的
公式：

$$p_{x,2}^1 = \frac{\Delta W_{x+1,1\to2}^{-1}}{W_{x+1,1}^{-1} - \Delta W_{x+1,0\to1}^{-1} + \Delta W_{x+1,1\to2}^{-1}}$$

$W_{x+1,1}^{-1}$ 为调查时点 $x+1$ 岁年龄组已生育了 1 孩的妇女人数。$\Delta W_{x+1,0\to1}^{-1}$ 为不考虑迁移、死亡和多胞胎的情况下,调查时点 $x+1$ 岁
年龄组前 1 年内生育了 1 孩的妇女人数。$\Delta W_{x+1,1\to2}^{-1}$ 为不考虑迁移、
死亡和多胞胎的情况下,调查时点 $x+1$ 岁年龄组前 1 年内生育了 2
孩的妇女人数。

（3）利用 2 孩次递进比预测年龄别 2 孩的生育量

分年龄别递进比不受期初年龄为 x 岁的妇女队列在 t 年份中的
递进生育究竟是发生于 x 岁还是 x+t 岁的影响,而是指期初为 x 岁
的队列在年龄增至 x+t 岁的 t 年期间的所有分孩次生育数。所以已
知分孩次的年龄别递进比和各年龄分孩次的妇女人数,便可以预测
一定时间间隔中某年龄某孩次的妇女递进到下一孩次的人数,即可
以用 2 孩次递进比预测一定间隔内已生育 1 孩育龄妇女的 2 孩年龄
别生育量分布。

年龄别 2 孩的生育量预测计算公式为：$B_{x,2}^t = p_{x,2}^t \times W_{x,1}^t$,其
中 $B_{x,2}^t$ 为 t 年内 x 年龄组 2 孩生育量,$p_{x,2}^t$ 为 t 年内 x 年龄组 2 孩递
进比,$W_{x,1}^t$ 为 t 年期初 x 岁年龄组已生育 1 孩妇女人数。

总的来说,年龄—孩次递进模型可以通过区分不同年龄、孩次育
龄妇女生育的条件概率,不同年龄、孩次对生育概率的影响,从而提
高了模型的稳定性和科学性。特别是应对计划生育政策调整下生育

水平的预测,不同学者研究表明该模型已经成功地用于人口预测、计划生育奖励扶助等预测研究中,得到了长期、多次的实践检验。[1][2]

3.3.2 利用孩次递进比测算总和生育率

年龄—孩次递进模型预测生育政策调整下的生育水平可分为政策调整初期和调整后期两个不同的阶段。

第一阶段生育政策调整初期总和生育率预测。在我国生育政策是影响妇女生育率的重要因素,因此生育政策调整初期可能会影响生育水平的大幅波动。即生育政策初期可能会产生生育的"堆积效应",具体而言就是政策放开后会出现较为集中的生育行为。这一阶段称之为生育政策调整下堆积生育存量集中释放阶段。在此阶段生育政策调整下生育行为不再遵循以往的生育模式,总和生育率在政策调整初期将由于"堆积效应"的集中释放而出现"生育反弹"。因此,为了更加准确预测生育政策调整下总和生育率,我们假定生育政策调整后五年[3]内逐步完成"政策性"二孩的生育行为[4]。第二阶段生育政策调整后期总和生育率预测。由于生育政策所抑制的存量生育势能将在生育政策调整初期集中释放,政策调整后期总和生育率波动将趋于平缓。生育政策调整后期总和生育率预测主要考虑政策调整下增量育龄妇女的生育水平。

总的来说,利用年龄—孩次递进模型在一定的二孩生育时间分布模式与释放进度下,测算生育政策调整下每年可能的新增二孩出

① 马瀛通,王彦祖,杨叔章. 递进人口发展模型的提出与总和递进指标体系的确立[J]. 人口与经济,1986(1):40—43.

② 王广州. 影响全面二孩政策新增出生人口规模的几个关键因素分析[J]. 学海,2016(1):85—86.

③ 翟振武,李龙,陈佳鞠. 全面两孩政策对未来中国人口的影响[J]. 东岳论丛,2016(2):84—86.

④ 王金营,戈艳霞. 全面二孩政策实施下的中国人口发展态势[J]. 人口研究,2016(6):3—21.

生人口数,再结合目标育龄妇女的年龄结构可以得出总和生育率预测结果。

3.4 数据来源与甄别

3.4.1 数据的来源

本书数据来源于国家卫计委指导司委托《分区域人口与计划生育形势分析工作》课题研究中湖北省卫计委提供的全员信息库2015年度统计汇总的数据。包括区分父母家庭结构的单独、双独、双非育龄妇女规模与结构;分城乡的已生一孩的双非育龄妇女规模与结构;分城乡一孩的性别构成;第六次人口普查湖北省育龄妇女规模与结构;第六次人口普查全国育龄妇女规模与结构;补充说明的是全员数据库的统计口径为常住人口,这里的分城乡是指夫妻双方都为农业户口与夫妻双方一方或双方是非农户口。

3.4.2 数据的甄别

本研究采用的是卫计委全员信息库全口径数据,与第六次人口普查数据和统计局相关数据比较,全员信息库数据具有时效性,且有"单独""双独"和"双非"的婚姻家庭分类数据,这也是生育政策调整可能影响到的目标人群,普查数据不具有如单独育龄妇女人数、双独育龄妇女人数和双非育龄妇女人数等数据。把不同来源的数据横向进行对比,本书数据显示截至2014年3月符合条件的单独育龄妇女人数为35.42万人,截至2014年12月单独二孩申请数为19629例,而石智雷、杨云彦研究显示截至2014年7月湖北省符合条件单独育龄妇女人数为37.05万人,单独申请数为17240例[①],两者差距不大;

---

① 石智雷,杨云彦. 符合"单独二孩"政策家庭的生育意愿与生育行为[J]. 人口研究,2014
　 (5):30.

本书数据显示截至 2014 年 12 月的单独育龄妇女为 48.16 万人,而国家卫生计生委指导司《2014 年各省人口与计划生育形势分析报告汇编》中显示截至 2014 年 10 月湖北省单独育龄妇女人数为 46.08万人[①],考虑到数据之间统计时间的差异,不同来源的数据之间的基本一致,能印证本书使用的数据是准确可靠的。

3.5　结果分析

生育政策调整下未来总和生育率预测包含两个方面:一是生育政策调整下目标育龄妇女规模与结构测算;二是生育政策调整下目标育龄妇女的生育水平测算,其中目标育龄妇女的生育水平又受两个参数影响,分别是目标育龄妇女二孩递进比例和目标育龄妇女二孩生育释放进度。笔者试图通过湖北省"全面两孩"政策下目标育龄妇女规模与结构数据推算全国目标育龄妇女的数据;利用年龄—孩次递进模型测算目标育龄妇女二孩生育水平,即将生育政策调整下年龄别目标育龄妇女与年龄—孩次递进模型中年龄别目标育龄妇女二孩递进比例——对应相乘,得到累计新增出生人口数量;再根据孩次生育间隔计算二孩生育时间分布模式,测算目标育龄妇女二孩生育释放进度,即将累计新增二孩生育数量按照一定的释放进度划分到若干年内,得到年度新增出生人口数量。

3.5.1　生育政策调整下目标育龄妇女测算

生育政策调整下的目标育龄妇女是指已生一孩的符合条件的双非育龄妇女,其中包含两个要素:一是已生一孩的育龄妇女结构;二是原计划生育政策下不能生育二孩而生育政策调整后能生育二孩的双非育龄妇女结构。

---

① 数据来源:2014 年 12 月 10 日国家卫计委指导司举办的全国人口形势分析会。

（1）目标育龄妇女测算假设前提

翟振武关于双非育龄妇女的结构测算思路为根据 2014 年全国人口抽样调查数据,回推全国已育一孩的育龄妇女,然后再扣减原来生育政策下可以生育二孩的、超生漏报的、离婚丧偶的育龄妇女,并按照当前生育水平将其推算至政策调整年份,从而得到“全面两孩”政策下准确的目标育龄妇女规模与结构。[①] 但全国的目标育龄妇女测算涉及到城镇与农村不同生育政策覆盖人口推算;部分地区“一孩半”和两孩政策覆盖下人群扣减;“双独二孩”和“单独二孩”政策覆盖下人群扣减;原来照顾性生育政策覆盖下育龄妇女扣减;2010 年六普数据年龄移算法误差扣减;二孩超生漏报的目标育龄妇女扣减;离婚、丧偶和未婚的目标育龄妇女扣减等,其中每个环节都存在诸多的不确定性与误差,因此能否考虑其他的思路推算“全面两孩”下全国目标育龄妇女的规模与结构,其研究结论相互印证以增加研究的丰富性。

进一步研究发现,可以根据不同学者已有的研究,提出相应的假设,利用湖北省的较为有利和准确数据推算全国目标育龄妇女的规模与结构。王广州根据第三次、第四次全国人口普查1‰抽样和第五次全国人口普查原始数据进行对比发现一孩递进比是稳定的,具体而言就是消除初婚年龄影响后,各年度分年龄一孩递进比极其接近,且只要递进总和生育率大于二,则一孩递进比与总和递进生育率具体数值大小无关,即一孩递进比受总和递进生育率影响很小,分年龄递进比分布曲线形状相似程度很高;分年龄一孩递进比不同地区的横向比较发现,东部、中部和西部地区虽然生育水平明显不同,但分年龄一孩的递进比仍然相同[②],因此可以假设湖北省已生一孩的育龄

① 翟振武,李龙,陈佳鞠. 全面两孩政策对未来中国人口的影响[J]. 东岳论丛,2016(2):84—86.

② 王广州. 中国育龄妇女递进生育模式研究[J]. 中国人口科学,2004(6):8—13.

妇女结构与全国一致。石智雷、杨云彦认为湖北省有着九省通衢的地域特征,地处东部与西部的交汇,兼容了南北生育文化的差异,既有经济相对发达的大城市,也有相对落后的贫困山区;既有长期保持低生育水平的地市,也有生育率相对偏高的农村地区等等[①],这些特征使湖北省人口结构在全国省域中具有一定的代表性,因此可以假设"全面两孩"政策下湖北省目标育龄妇女分布结构与全国一致。

在这两个假设条件下可以利用湖北省的全员数据库数据推算全国"全面二孩"下的目标育龄妇女。具体而言就是利用湖北省全员数据库中"全面两孩"下的目标育龄妇女规模与结构,通过湖北省年龄别育龄妇女占全国年龄别育龄妇女比例参数推算全国"全面两孩"下的目标育龄妇女规模与结构。

(2)目标育龄妇女测算结果

先从湖北省全员数据中导出 2015 年"全面两孩"下分城乡目标育龄妇女规模与年龄结构作为基础数据,然后从全国第六次人口普查数据中计算出湖北省分城乡年龄别育龄妇女占全国分城乡年龄别育龄妇女的比例参数,再把湖北省目标育龄妇女年龄别数据分别除以对应的比例参数从而得出 2015 年"全面两孩"下全国分城乡目标育龄妇女年龄结构(见表 3-1)

表3-1 全国"全面两孩"下目标育龄妇女构成　　单位:万人

	城镇户口	农村户口	合计
15—19 岁	0.78	11.03	11.82
20—24 岁	47.76	347.34	395.10
25—29 岁	441.79	1449.17	1890.96
30—34 岁	859.71	1156.14	2015.85

① 石智雷,杨云彦.符合"单独二孩"政策家庭的生育意愿与生育行为[J].人口研究,2014
(5):30.

续　表

	城镇户口	农村户口	合计
35—39 岁	1316.62	778.50	2095.13
40—44 岁	1357.18	713.30	2070.48
45—49 岁	1240.47	526.64	1767.12
合计	5264.32	4982.13	10246.45

数据来源：湖北省全员数据库和全国第六次人口普查

从分析结构可以看出笔者测算全国"全面两孩"下目标育龄妇女总体规模约为 1.025 亿人，与翟振武等[①]和王广州[②]估算的全面两孩政策目标育龄妇女的初步规模约为 1.036 亿人和符合生全面两孩的目标人群是 0.900 亿人[③]的研究结论非常接近，间接证明笔者测算的准确性。

3.5.2 生育政策调整下总和生育率预测

生育政策调整下的总和生育率参数设定可分为政策调整初期总和生育率和调整后期总和生育率两个不同的阶段。

（1）生育政策调整初期总和生育率预测

生育政策调整初期总和生育设定必须要回答两个基本问题：一是目标人群二孩终身生育概念是多少，即生育政策调整下的递进生育模式；二是目标人群的二孩生育释放进度，即生育政策调整下目标育龄妇女几年内完成二孩生育行为；具体而言，在"全面两孩"下的递进生育模式中目标育龄妇女的二孩递进生育率的计算是终身递进生

---

① 翟振武，李龙，陈佳鞠. 全面两孩政策对未来中国人口的影响[J]. 东岳论丛，2016(2)：84—86.

② 王广州. 影响全面二孩政策新增出生人口规模的几个关键因素分析[J]. 学海，2016(1)：85—87.

③ 王培安. 卫计委副主任：中国不缺人口数量，未来一百年都不缺[EB/OL]. 凤凰网，2017.03.11[引用日期 2017.03.27]，http://news.ifeng.com/a/20170311/50770759_0.shtml.

育率,也就是说年龄别目标人群乘上年龄别二孩递进比例参数得到的是生育政策调整下累计新增二孩出生人数,然后再考虑生育间隔的基础上结合二孩释放进度测算年度新增二孩出生人数。

1. 生育政策调整下新增二孩出生人数估计

笔者利用王广州基于 2013 年生育意愿调查数据分"上限""均值"和"下限"三方案估算分城乡的终身二孩递进率,然后按照五年孩次生育间隔分布计算出二孩递进生育模式测算"全面两孩"下二孩出生人数。[①] 采用目前学界五年释放存量二孩生育行为的共识,结合一定生育间隔采用翟振武等关于第一年至第五年再生育比例依次约为 20.3%、25.0%、22.4%、19.9% 和 12.3% 的释放进度估计"全面两孩"政策下年度新增二孩出生人数。[②] 对比国家卫计委最新公布的截至 2016 年 12 月底,全国住院分娩的婴儿活产数是 1846 万,比"十二五"期间年均出生人口数增加了 140 万的数据[③],2016 年新增二孩出生人数均值 172.17 万人是符合预期的[④],证明了笔者预测的准确性。

表 3-2 "全面两孩"政策下出生人数估计   单位:万人

	上限	均值	下限
2016	243.86	172.17	127.04
2017	300.32	212.03	156.45
2018	269.09	189.98	140.18
2019	239.05	168.78	124.54

① 王广州.影响全面二孩政策新增出生人口规模的几个关键因素分析[J].学海,2016(1):85—87.

② 翟振武,李龙,陈佳鞠.全面两孩政策对未来中国人口的影响[J].东岳论丛,2016(2):84—86.

③ 王培安.卫计委副主任:中国不缺人口数量,未来一百年都不缺[EB/OL].凤凰网,2017.03.11[引用日期 2017.03.27].http://news.ifeng.com/a/20170311/50770759_0.shtml.

④ 这里需要解释是通过住院分娩获得出生人数会小于实际出生人数,因为住院分娩率不可能达到 100%,所以统计的出生人数会有一定的遗漏。

	上限	均值	下限
2020	147.76	104.32	76.98
合计	1200.08	847.28	625.19

2. 生育政策调整下总和生育率估计

"全面两孩"政策下总和生育率估计可以通过以下几步完成：第一步，利用国家统计局公布的 2014 年年龄别育龄妇女人数，在一定的年龄别死亡率基础上通过年龄移算法获得 2016、2017、2018、2019 和 2020 年 15—49 岁年龄别育龄妇女的人数；第二步，结合表 3 - 3 各年度年龄别出生人数的估计除以相应年龄别育龄妇女人数，就得到按上限、均值和下限三个方案的分年龄生育率；第三步，结合不同学者对政策不变下的总和生育率变动趋势的研究，选取联合国预测的我国 2016—2020 年间总和生育率 1.59[①] 作为本书政策不变下的生育水平，简单相加就得出了 2016—2020 年间不同方案下"全面两孩"政策下总和生育率估计。

表 3 - 3　2016—2020 年间"全面两孩"政策下总和生育率估计

年份	政策不变	上限	均值	下限
2016	1.59	1.88	1.79	1.74
2017	1.59	1.95	1.84	1.77
2018	1.59	1.91	1.82	1.76
2019	1.59	1.88	1.79	1.74
2020	1.59	1.77	1.72	1.68

资料来源：2016—2020 年间政策不变总和生育率来源于 United Nations, Department of Economic and Social Affairs, Population Division (2015). World Population Prospects: The 2015 Revision；其他为作者计算结果。

[①] United Nations, Department of Economic and Social Affairs, Population Division (2015). World Population Prospects: The 2015 Revision.

从表 3-3 的分析结果可以看出,即便是"全面两孩"政策下生育水平的上限,总和生育率也不可能超过 2.1。2016—2020 年间的生育水平在 1.72—1.84 间的可能性比较大。

(2)生育政策调整后期总和生育率预测

生育政策调整后期总和生育率参数设定是在当下中国生育水平的基础上叠加生育政策调整的因素,从而准确预测未来中国总和生育率变动趋势。

1. 中国当下生育水平估计

中国当下生育水平估计是依据一定的基础数据展开的研究,而不同来源的数据和对同一来源的数据不同的甄别是形成学界不同总和生育率判断的主要原因。学者们对基础数据不同的研究假设可分为三类:一是普查数据是可信的、准确的假设;二是普查数据存在一定漏报瞒报的假设;三是教育数据、公安数据等其他系统收集统计的数据可以用来校对普查数据的假设。由此不同的生育水平估计也划分为三类(见表 3-4):一是直接利用普查数据估计总和生育率,研究结果显示总和生育率不超过 1.5;二是根据普查数据不同的漏报瞒报的判断对普查数据作出不同的调整得出的总和生育率在 1.42—1.75 之间;三是利用教育数据、公安数据等数据对普查数据进行调整的基础上,得出的总和生育率在 1.6—1.7 之间。

表 3-4 不同学者对总和生育率的研究结论对比

预测年份	基础数据假设	总和生育率范围
郭志刚[①]	1990、2000、2010 年人口普查数据直接使用	1.4—1.5(1996—2003)
郝娟等[②]	历年统计年鉴直接使用	1.22—1.47(2000—2010)

① 郭志刚. 六普结果表明以往人口估计和预测严重失误[J]. 中国人口科学,2011(6):2—5.
② 郝娟,邱长溶. 2000 年以来中国城乡生育水平的比较分析[J]. 南方人口,2011(5):36—39.

预测年份	基础数据假设	总和生育率范围
朱勤①	2000、2010 年人口普查数据直接使用	1.3—1.5(2001—2010)
李汉东等②	2000、2010 年人口普查数据修正	平均 1.57(2001—2010)
崔红艳等③	2010 年人口普查数据修正和历年人口抽样数据	1.50—1.64(2000—2010)
王金营等④	各次人口普查数据修正	1.45—1.75(2001—2010)
杨凡等⑤	普查数据修正、教育数据和公安数据	1.6—1.7(2000 年以来)
陈卫⑥	普查数据修正、教育数据和公安数据	1.5—1.7(2000—2015)
乔晓春⑦	普查数据修正	1.49—1.70(2005—2013)
陈卫⑧	普查数据修正	1.66(2010)
陈卫等⑨	人口普查修正和人口变动抽样调查数据	1.6 左右(2005 年以来)
翟振武⑩	国民经济和社会发展统计公报	1.53—1.60(2012—2014)
王广州⑪	2000、2010 年人口普查数据修正	1.27—1.53(2000 年以来)

对比不同学者对中国生育水平不同的估计可以发现,中国当下生育水平已在更替水平以下。且大部分学者的研究表明中国的生育水平正在逐步下降。陈友华认为中国的低生育机制已经形成,越来越多的迹象表明,中国妇女生育率进入低水平后并没有稳定下来,而

① 朱勤.2000—2010 年中国生育水平推算——基于"六普"数据的初步研究[J].中国人口科学,2012(4):28—31.
② 李汉东,李流.中国 2000 年以来生育水平估计[J].中国人口科学,2012(5):10—16.
③ 崔红艳,徐岚,李睿.对 2010 年人口普查数据准确性的估计[J].人口研究(1):40—16.
④ 王金营,戈艳霞.2010 年人口普查数据质量评估以及对以往人口变动分析校正[J].人口研究,2013(1):38—40.
⑤ 杨凡,赵梦晗.2000 年以来中国生育水平的估计[J].人口研究,2013,(2):44—46.
⑥ 陈卫.2000 年以来中国生育水平评估[J].学海,2014(1):16—24.
⑦ 乔晓春.PADIS-INT 人口预测模型经验算法研究[A]."人口预测与动态监测经验算法与省级应用"研讨会论文[C],北京:2014-10-24.
⑧ 陈卫.中国 2010 年总和生育率的再估计[J].人口研究,2014(6):16—24.
⑨ 陈卫,张玲玲.中国近期生育率的再估计[J].人口研究,2015(2):32—38.
⑩ 翟振武.中国出生人口的新变化与趋势[J].人口研究,2015(2):48—54.
⑪ 王广州.影响全面二孩政策新增出生人口规模的几个关键因素分析[J].学海,2016(1):85—87.

是呈现出持续下降的趋势,甚至已陷入低生育率陷阱[①]。低生育率陷阱意味着生育率下降趋势一旦形成,便会形成很强的惯性,历时数十年甚至更长时间的人口负增长将不可避免。

2. 生育政策调整后期总和生育率参数

在中国当下生育水平的基础上,综合不同学者的研究成果,再参照国家卫生和计划生育委员会副主任王培安[②]提出我国的总和生育率应保持在 1.8 左右的观点(其传递出政府主管部门未来生育政策调整可能对生育率的影响),本书在高、中、低三个生育水平下分别预测生育政策调整下生育响应水平。即参照不同学者的研究结论,并在联合国人口司公布中国总和生育率变动模式的基础上设定 2021—2100 年间低、中、高和生育政策不调整下总和生育率的参数(见表 3 - 5)。

低方案:采用陈友华等学者们有关陷入低生育率陷阱研究结论,结合"单独二孩"政策调整"遇冷"的判断,假设 2021 年后总和生育率逐渐由 1.43 水平下降至 2100 年的 1.25 水平。

中方案:根据不同时期中国生育意愿调查育龄妇女平均理想子女数研究结论,设置中方案下总和生育率参数。育龄妇女平均理想子女数反映的是放开计划生育政策下人们想要的生育子女数量,考虑到不孕不育等因素,实际生育数量会在理想生育数量之下;其次不同时期理想子女数研究结论是在生育政策调整之前,考虑到生育政策调整后二孩生育行为相互影响的效应,调整前理想子女数可能会低于调整后数量,因此把生育政策调整前育龄妇女平均理想子女数研究结论作为中方案的参照标准,再结合不同学者的研究设置中方案总和生育率参数,即假设 2021 年后总和生育率逐渐由 1.72 水平下降至 2100 年的 1.54 水平。

---

① 陈友华. 全面二孩政策与中国人口趋势[J]. 学海,2016(1): 62—65.
② 王培安. 论全面两孩政策[J]. 人口研究,2016(1): 3—7.

表 3-5 2021—2100 年间不同方案下总和生育率参数的设定

年份	不变下方案	低方案	中方案	高方案
2021—2024	1.32—1.33	1.43—1.41	1.72—1.70	2.02—2.00
2025—2029	1.32—1.31	1.41—1.40	1.70—1.69	2.00—1.99
2030—2034	1.31—1.29	1.39—1.38	1.68—1.67	1.98—1.97
2035—2039	1.29—1.28	1.38—1.36	1.67—1.65	1.96—1.95
2040—2044	1.27—1.26	1.36—1.35	1.65—1.64	1.95—1.94
2045—2049	1.26—1.24	1.34—1.33	1.63—1.62	1.93—1.92
2050—2054	1.24	1.32	1.61	1.91
2055—2059	1.23	1.31	1.60	1.90
2060—2064	1.22	1.30	1.59	1.89
2065—2069	1.21	1.29	1.58	1.88
2070—2074	1.20	1.28	1.57	1.87
2075—2079	1.19	1.27	1.56	1.86
2080—2084	1.19	1.27	1.56	1.86
2085—2089	1.18	1.26	1.55	1.85
2090—2094	1.18	1.26	1.55	1.85
2095—2100	1.17	1.25	1.54	1.84

高方案:采用翟振武等学者"中国目前的总和生育率并未低至危机之中,伴随着生育政策的进一步调整完善,中国的生育水平仍具有回升潜力,认为实施全面两孩政策后我国年度出生人口将会快速而大量增加"[1]和"全面两孩政策的累积生育势能释放之后,生育水平将会回落,但是由于政策空间得到扩展,总和生育率预计将会略微高于政策启动实施前的水平"[2]的研究结论。再结合国家卫生和计划生育委员会副主任王培安[3]提出我国的总和生育率应保持在 1.8 左右

---

[1] 翟振武,张现苓,靳永爱.立即全面放开二胎政策的人口学后果分析[J].人口研究,2014(2):3—17.

[2] 翟振武,李龙,陈佳鞠.全面两孩政策对未来中国人口的影响[J].东岳论丛,2016(2):84—86.

[3] 王培安.论全面两孩政策[J].人口研究,2016(1):3—7.

的观点,假设 2021 年后总和生育率逐渐由 2.02 水平下降至 2100 年的 1.84 水平。

表 3-6　近十年生育意愿调查育龄妇女平均理想子女数　　单位:个

年份	调查项目	平均理想子女数
2006	第六次全国人口和计划生育抽样调查	1.7
2007	生育意愿调查	1.8
2010	江苏省六县市生育意愿调查	1.65
2013	全国生育意愿调查	1.93

注释:贾志科,吕红平.论出生性别比失衡背后的生育意愿变迁[J].人口学刊,2012(4):34—45;庄亚儿,姜玉等.当前我国城乡居民的生育意愿——基于 2013 年全国生育意愿调查[J].人口研究,2014(3):3—14

3.6　结论与讨论

本书利用年龄—孩次递进模型分析生育政策调整下的目标育龄妇女的生育响应,具体的研究结论可分为三部分:

一是生育政策调整下 2016 年目标育龄妇女的规模与结构测算,即在湖北省已生一孩的育龄妇女结构与全国一致和"全面两孩"政策下湖北省目标育龄妇女结构分布与全国一致两个假设条件下,利用湖北省全员数据库中符合"全面二孩"政策的已生一孩双非育龄妇女规模与结构推测全国符合"全面二孩"政策的已生一孩双非育龄妇女规模与结构,对比不同学者测算结果和 2016 年最新统计全面两孩的目标人群数据可以证明本书关于全国"全面二孩"政策下目标育龄妇女规模与结构测算的准确性。

二是利用年龄—孩次递进预测模型按高、中、低三方案测算"全面两孩"下生育水平,然后通过二孩生育时间分布模式与释放进度测算 2016 至 2020 年每年可能的新增二孩出生人口数。从分析结果可以看出,"全面两孩"政策调整后五年内累计新增二孩出生人口在 900

万以内。出生人口堆积高峰下年度新增二孩出生人口不大可能达到或超过 300 万人,五年内累计新增二孩出生人口不大可能达到或超过 1200 万人。2016 年至 2020 年间每年最可能新增二孩出生人口在 100 万—190 万左右。翟振武测算结果显示生育政策调整后,5% 拟合高、中、低方案下五年内年度新增出生人口数量分别为 210 万—570、160 万—470 和 110 万—360 万人。王广州的测算结果显示五年内"全面两孩"政策下二孩累计出生规模上限、均值和下限分别为 2889.69 万、1701.85 万和 843.95 万人。国家卫计委最新公布的截至 2016 年 12 月底的数据,全国住院分娩的婴儿活产数是 1846 万,比"十二五"期间年均出生人口数增加了 140 万①。对比不同学者的研究结果和 2016 年实际的生育数可以看出本书的测算波动范围相对较窄且在两位学者的测算范围内,进而说明利用年龄—孩次递进模型测算"全面两孩"下生育响应的可行性和准确性。

　　三是在当下生育水平估计的基础上,结合不同学者的研究成果和叠加生育政策调整的因素,本书在高、中、低三个生育水平下分别预测生育政策调整下生育响应水平。即参照不同学者的研究结论,并在联合国人口司公布中国总和生育率变动模式的基础上设定 2021—2100 年间低、中、高和生育政策不调整下总和生育率的参数。

---

① 王培安. 卫计委副主任:中国不缺人口数量,未来一百年都不缺[EB/OL]. 凤凰网,2017.03.11[引用日期 2017.03.27],http://news.ifeng.com/a/20170311/50770759_0.shtml.

总和生育率变动对人口年龄结构的影响

总和生育率变动对人口年龄结构的影响主要体现在总和生育率影响预测期内的生育水平，不同的生育水平下会对未来总的人口年龄结构造成不同的影响。即在控制人口死亡和迁移等因素下，测算预测期内不同的总和生育率水平下人口年龄结构变动趋势。

4.1 总和生育率的变动对人口年龄结构影响的文献回顾

由于生育政策调整后，出生人口 16 年后进入劳动年龄人口，60 年后进入老龄人口，因此生育政策调整下总和生育率变动对我国人口年龄结构的影响将是一个缓慢而长期的过程。

4.1.1 总和生育率的变动对出生人口的影响

生育政策调整下总和生育率变动将引起出生人口数量的波动，具体而言为调整初期累积生育势能的释放将引起出生小高峰，二十多年后这一出生队列进入育龄期后将带来又一轮出生人口数量的小幅波动。其将使中国拥有更大规模、更高比例的少儿人口，从而使得总人口的年龄结构变得年轻一些。

李桂芝等[①]基于 2014 年全国人口变动情况抽样调查数据,按层次递进的方式得出单独二孩和全面两孩政策的目标人群及年龄构成,再利用生育意愿数据,分析单独二孩政策和全面两孩政策对我国出生人口以及未来人口结构的影响。其指出单独二孩政策实施初期人口出生量最多可达 1733 万,对总人口的增加影响有限。而全面两孩政策初期人口出生量在 2000 万—2300 万人之间,最多时可达 2306 万,其他年份在 2000 万左右。全面两孩政策实施几年之后,预计出生人口将会逐步减少并趋于稳定。翟振武等[②]研究显示生育政策调整下少儿人口比例将于 2020 年左右达到 18.2% 的峰值,然后进入下行期,将于 2040 年左右降至整个 21 世纪前半叶 13.6% 的最低水平。最后少儿人口比例将小幅回升至 2050 年的 14.7%。原新[③]认为 2016—2020 年间,预计全面两孩政策将导致每年多出生 300 万—400 万人。2021—2025 年间人口出生数量恢复常态,每年将多出生 100 万—150 万人。全面两孩生育政策调整会增加出生人口数量,但不会造成生育数量的大幅度波动。王金营、戈艳霞[④]利用分家庭类型分年龄别孩次递进生育率模型测算全面两孩政策实施开始五年内,出生人口规模将增长到 1700 万—2300 万人,平均每年的出生人口比生育政策不调整增加 300 万—600 万人,且存在一定程度的堆积现象,2016—2017 年的堆积规模将达到 2000 万—2320 万人。随着堆积的集中释放,未来出生人口规模呈现波动下降的趋势,即从 2020 年的

① 李桂芝,崔红艳,严伏林,权少伟.全面两孩政策对我国人口总量结构的影响分析[J].人口研究,2016(4):52—59.
② 翟振武,李龙,陈佳鞠.全面两孩政策对未来中国人口的影响[J].东岳论丛,2016(2):84—86.
③ 原新.我国生育政策演进与人口均衡发展——从独生子女政策到全面二孩政策的思考[J].人口学刊,2016(5):5—14.
④ 王金营,戈艳霞.全面二孩政策实施下的中国人口发展态势[J].人口研究,2016(6):3—21.

1894 万—1964 万人波动下降到 2100 年的 702 万—1387 万人。王广州[①]认为全面二孩政策下 2016—2020 年间,平均每年的出生人口在 1900 万左右,五年积累新增出生人口在 1800 万以内,总人口峰值可能为 14.2 亿。

4.1.2　总和生育率的变动对劳动年龄人口的影响

2016 年全面两孩政策下出生的人口 2032 年后陆续进入劳动年龄人口群体,进而影响劳动年龄人口的规模。

郭志刚[②]预测结果显示,总和生育率 1.8 水平下,2050 年劳动年龄人口下降为 7 亿多,21 世纪末则降至不足 6 亿;总和生育率 1.94 水平下,2050 年劳动年龄人口比 1.8 生育水平多出近 0.4 亿,21 世纪末多 0.7 亿。翟振武等[③]研究显示,全面两孩政策的实行将使劳动年龄人口规模每年的下降幅度由维持原来较严格的生育政策不变条件下的 0.9%—1.0%变为 0.3%—0.4%,年均减少不到 300 万人。生育政策调整下总和生育率变动带来的劳动年龄人口规模将在 2042 年前后降至 8 亿人以下,到 21 世纪中叶约有 7.1 亿人。2050 年全面两孩政策下的劳动年龄人口规模将比维持原来较严格的生育政策不变多出约 5000 万人。李桂芝等[④]研究显示全面两孩政策会导致 2020 年 16—59 岁劳动年龄人口下降到 8.97 亿人,2030 年下降到 8.18亿人,2040 年的 7.77 亿人,2050 年的 6.80 亿人。原新[⑤]认为全面两孩政策会增加 21 世纪 30 年代后的劳动力资源,即 2050 年会累

① 王广州. 从"单独"二孩到全面二孩[J]. 领导科学论坛・大讲堂,2016(2):31—36.
② 郭志刚. 清醒认识中国低生育率风险[J]. 国际经济评论,2015(2):101—110.
③ 翟振武,李龙,陈佳鞠. 全面两孩政策对未来中国人口的影响[J]. 东岳论丛,2016(2):84—86.
④ 李桂芝,崔红艳,严伏林,权少伟. 全面两孩政策对我国人口总量结构的影响分析[J]. 人口研究,2016(4):52—59.
⑤ 原新. 我国生育政策演进与人口均衡发展——从独生子女政策到全面二孩政策的思考[J]. 人口学刊,2016(5):5—14.

计增加 3000 万人以上的劳动年龄人口。但其政策依然改变不了劳动年龄人口减少的趋势。王金营、戈艳霞[1]研究显示全面两孩生育政策将显著增加 2030 年后的劳动年龄人口供给量,2100 年劳动年龄人口规模增加 1.6 亿人,但劳动抚养系数将从 2010 年的 35% 上升到 2060 年的 80%,随后在 72%—80% 之间波动。与生育政策不调整相比,调整下劳动抚养比呈现先升后降的变动,即 2016—2033 年期间劳动抚养比相对上升,2060 年后将下降约 5% 以上。

总的来说,生育政策调整下总和生育率变动将有利于减缓劳动年龄人口数量减少和延缓人口老龄化速度,一定程度上达到优化人口结构的目的,但不能从根本上改变我国人口的发展趋势,即劳动力人口的减少和年龄结构老化的形势依然严峻。如陈友华[2]认为全面二孩生育政策调整短时间内会增加出生人数,增加未来劳动力供给,缓解少子化与老龄化,但中国低生育率的趋势不会因为生育政策调整而得以逆转,几乎不会提高劳动年龄人口比例,同时也会带来更为沉重的少儿人口抚养负担。

4.1.3 总和生育率的变动对人口老龄化的影响

生育政策调整下总和生育率变动对人口老龄化的影响既表现在老年人口规模上,也反映在人口年龄结构上。因此在未来一定时间内,生育政策的调整将对中国的老年人口规模、老龄化进程、高龄化速度和老年抚养比产生或多或少的影响。

根据联合国[3]的预测,如果中国计划生育政策不做调整,未来人口高龄少子化的趋势将十分严峻,会超过很多老牌资本主义国

① 王金营,戈艳霞. 全面二孩政策实施下的中国人口发展态势[J]. 人口研究,2016(6):3—21.
② 陈友华. 全面二孩政策与中国人口趋势[J]. 学海,2016(1):62—66.
③ 郑秉文. 从"高龄少子"到"全面二孩":人口均衡发展的必然选择——基于"人口转变"的国际比较[J]. 新疆师范大学学报(哲学社会科学版),2016(4):25—35.

家,甚至有些指标比美国、法国、英国等发达国家更为严峻。翟振武等[1]测算表明无论生育政策是否调整,中国 60 岁以上的老年人规模都将在 2025 年左右突破 3 亿人,2034 年左右突破 4 亿人,并于 21 世纪中叶上升至 4.7 亿人。这对包括养老保障制度、养老服务体系在内的养老事业形成巨大的挑战,而生育政策调整完善不会对未来 60 年内的老年人口规模产生任何影响。

生育政策调整对老龄化进程的影响也体现在缓解人口老龄化的进程方面。与维持原有生育政策不变相比,全面两孩政策下大量新增出生人口将持续改变着中国的人口年龄结构,即提升少儿人口比例,降低老年人口比例,进而在一定程度上缓解人口老龄化水平。郭志刚[2]利用 2010 年人口普查数据,按高、中、低三个不同生育率参数方案测算了未来中国人口老龄化发展趋势。即 2012 年起总和生育率维持在 1.94,1.77 和 1.60 的水平上,2054 年 60 岁及以上老年人口比例分别达到 33.5%,36.0% 和 38.5%。翟振武等[3]研究结果显示,维持生育政策不变情况下中国 60 岁以上的老年人口比例将于 2030 年左右突破 25%,2037 年左右突破 30%,2050 年上升至36.6% 的水平;而在"全面两孩"政策下,60 岁以上的老年人口比例将于 2031 年左右突破 25%,2041 年左右突破 30%,2050 年上升至约 34.0%。也就是说 21 世纪中叶时"全面两孩"政策下老年人口比例比维持生育政策不变情况下老年人口比例低 2.6% 左右;李桂芝等[4]研究显示全面两孩政策会导致 2020 年 65 岁及以上老年人口比重为

① 翟振武,李龙,陈佳鞠.全面两孩政策对未来中国人口的影响[J].东岳论丛,2016(2):84—86.
② 郭志刚.清醒认识中国低生育率风险[J].国际经济评论,2015(2):101—110.
③ 翟振武,李龙,陈佳鞠.全面两孩政策对未来中国人口的影响[J].东岳论丛,2016(2):84—86.
④ 李桂芝,崔红艳,严伏林,权少伟.全面两孩政策对我国人口总量结构的影响分析[J].人口研究,2016(4):52—59.

12.80％,然后分别增长为 2030 年的 17.69％,2040 年的 24.24％,2050
年的 25.99％。其指出生育政策调整有利于人口年龄结构的优化,有
利于减缓劳动年龄人口减少和人口老龄化速度。王金营、戈艳霞[①]研
究显示全面两孩政策下人口年龄结构老化速度将明显放缓,中方案
下老年人口比例将从 2010 年的 9％逐渐上升到 2020 年的 13％,
2050 年的 27％和 2100 年的 29％。老年人口规模将从 2015 年的1.5
亿人增加到 2060 年的 4 亿人,随后减少到 2100 年的 2.8 亿—2.9 亿
人。与生育政策不调整相比,2080 年后老年人口规模和比重产生明
显的差异,即全面两孩生育政策调整导致 2090 年和 2100 年老年人
口规模分别增加0.2 亿—0.3 亿人和 0.3 亿—0.4 亿人。孟令国等[②]
采用 Leslie 人口预测模型对全面两孩政策后的人口增量与人口结构
进行预测,分析该政策对人口老龄化的影响。其研究结果显示"全面
两孩"政策将对人口老龄化进程有一定缓解作用,但从"单独两孩"政
策下的生育行为规律来看,"全面两孩"政策对人口老龄化进程的缓
解作用不显著;张车伟和林宝[③]认为实施"全面两孩"后不可能造成过
大的生育堆积,人口将持续保持低速增长,劳动年龄人口及比例将不
断下降,人口老龄化程度不断加深;汪伟[④]也认为生育政策调整虽然
能够在一定程度上减缓但无法根本扭转人口老龄化进程,应提高人力
资本积累速度和人力资本生产效率来应对人口老龄化的挑战;原新[⑤]

① 王金营,戈艳霞. 全面二孩政策实施下的中国人口发展态势[J]. 人口研究,2016(6):
3—21.
② 孟令国,李博,陈莉."全面两孩"政策对人口增量及人口老龄化的影响[J]. 广东财经大
学学报,2016(1):26—29.
③ 张车伟,林宝."十三五"时期中国人口发展面临的挑战与对策[J]. 湖南师范大学学报
(社会科学版),2015(4):5—12.
④ 汪伟. 人口老龄化、生育政策调整与中国经济增长[J]. 经济学,2016(1):10—15.
⑤ 原新. 我国生育政策演进与人口均衡发展——从独生子女政策到全面二孩政策的思考
[J]. 人口学刊,2016(5):5—14.

认为全面两孩政策不会改变 21 世纪中叶前老年人口数量,但可以对老龄化水平有一定的降低作用,即可以使 2050 年的老龄化水平降低 2‰,2100 年降低 7‰以上。

抚养比是从人口结构的视角量化每个劳动年龄人口平均承担的社会抚养压力的指标,而老年抚养比是指老年人口占劳动年龄人口的比例。郭志刚[①]认为为了应对未来迅猛老龄化进程,应该通过生育政策调整来提高过低的生育率,新增出生人口,减弱过度的人口少子化,降低未来老年人口抚养比和总人口抚养比,其指出生育政策调整目标应该是总和生育率回归更替水平,低于更替水平的生育参数会使未来老年人口比例迅速提高,并于 21 世纪中叶达到高水平,不再有趋势性下降,且总和生育率每提高 0.1 大约能降低老年人口 1.5‰的比例。翟振武等[②]研究结果显示 2030 年"全面两孩"政策下老年抚养比比维持生育政策不变情况下的老年抚养比低。据测算"全面两孩"政策下 2050 年将增加 3000 多万劳动年龄人口,使老年抚养比下降 2‰左右。[③] 曾毅[④]将现行生育政策与二孩晚育政策相比较,发现二孩晚育政策在降低老年抚养比方面优于现行生育政策。孟令国等[⑤]研究显示"全面两孩"政策带来的人口增量无疑会使老年抚养比降低,进而对人口老龄化产生缓解作用。周长红[⑥]、尹文耀等[⑦]和陈

① 郭志刚. 清醒认识中国低生育率风险[J]. 国际经济评论,2015(2):101—110.

② 翟振武,李龙,陈佳鞠. 全面两孩政策对未来中国人口的影响[J]. 东岳论丛,2016(2):84—86.

③ 王培安. 论全面两孩政策[J]. 人口研究,2016(1):3—7.

④ 曾毅. 试论二孩晚育政策软着陆的必要性与可行性[J]. 中国社会科学,2006(2):93—109.

⑤ 孟令国,李博,陈莉. "全面两孩"政策对人口增量及人口老龄化的影响[J]. 广东财经大学学报,2016(1):26—29.

⑥ 周长洪. 关于现行生育政策微调的思考——兼论"单独家庭二孩生育政策"的必要性与可行性[J]. 人口与经济,2005(2):1—6.

⑦ 尹文耀,姚引妹,李芬. 三论中国生育政策的系统模拟与比较选择——兼论"一代独生子女"政策"自着陆"[J]. 浙江大学学报(人文社会科学版),2007(6):157—167.

友华[1]也提出类似的观点。翟振武等[2]研究结果显示"全面两孩"生育政策的实施也能对高龄化程度有所缓解。21世纪中叶时"全面两孩"政策下中国80岁及以上高龄老人占总人口的比例比维持生育政策不变情况下80岁及以上高龄老人比例低0.6%。曾毅[3]将现行生育政策与二孩晚育政策相比较,发现二孩晚育政策在未来降低80岁及以上老人比例方面优于现行生育政策。王金营、戈艳霞[4]测算结果显示全面两孩政策将放缓人口老化速度,但是人口老化形势依然严峻。65岁及以上老年人口比重将从2010年的9%逐渐上升到2060年的29%左右。高龄老人占老年人口的比重将从18%快速增长到2060年的42%左右,未来80岁及以上的高龄老人比重保持在34%—42%之间,较生育政策不调整时下降2%。

　　总的来说,"全面两孩"生育政策的调整不可能从根本上扭转老龄化的大趋势,但能够在一定程度上缓解老龄化进程,显著缓解人口结构矛盾[5],因此可以得出生育政策调整是缓解少子化和老龄化的一种有效措施[6]。事实上,从国家生育政策外部控制和家庭生育意愿内部约束的关系来看,随着社会经济的发展,家庭生育意愿的内部约束逐渐取代国家生育政策外部控制而对育龄妇女的生育行为起着决定性的作用,每个家庭基于养育成本等诸多因素的考虑,其总和生育率

---

① 陈友华.二孩政策地区经验的普适性及其相关问题——兼对"21世纪中国生育政策研究"的评价[J].人口与发展,2009(1):9—12.

② 翟振武,李龙,陈佳鞠.全面两孩政策对未来中国人口的影响[J].东岳论丛,2016(2):84—86.

③ 曾毅.试论二孩晚育政策软着陆的必要性与可行性[J].中国社会科学,2006(2):93—109.

④ 王金营,戈艳霞.全面二孩政策实施下的中国人口发展态势[J].人口研究,2016(6):3—21.

⑤ 原新.我国生育政策演进与人口均衡发展——从独生子女政策到全面二孩政策的思考[J].人口学刊,2016(5):5—14.

⑥ 郭志刚.清醒认识中国低生育率风险[J].国际经济评论,2015(2):101—110.

很难回到平均每个育龄妇女生育 3—4 个孩子的水平。只要一个国家或地区人口的总和生育率低于更替水平,其人口结构就存在一定问题,长期下去将会出现人口老龄化并引发一系列社会和经济问题。[①] 因此巨大的老年人口规模、快速的老龄化趋势和严重的高龄化程度都将是中国必然面临的未来。

4.2　总和生育率变动下人口结构的预测方法

4.2.1　队列分要素预测方法

笔者参考联合国世界人口展望 2015 年的预测方法,即采用队列分要素预测法(Cohort-Component Project Method)对人口变动趋势进行预测,其先预测未来总和生育率和平均寿命,然后再预测总和生育率和平均预期寿命对应的年龄别模式,即将人口按性别、年龄分组,在总和生育率和预期寿命参数下预测未来人口的变动趋势。具体而言就是从起始年度的分年龄和性别人口出发,根据年度年龄别生育率、年龄别死亡率、年龄别净迁移率,以及它们未来可能变化的趋势,预测未来各年度的总人口、分性别年龄人口等。其预测过程可分为三步,第一步根据预测区间起始时间点每一人群的存活人数预测下一区间开始时仍存活的人数;第二步计算每一人群在预测区间内的新生人数,将新生人数加入对应的人群,并计算新生人口存活到下一个预测区间时点的人数;第三步在每一人群中加入相应的净迁移人口,计算预测区间的生育数,并预测迁移人口和新生人口存活到下一个预测区间的人数。

由于国际人口迁移相对中国人口总量来说很微小,因此笔者预测可以在没有迁移的封闭系统假设下完成。队列要素预测法可以简

---

① 王军. 全面二孩实施后人口研究转向[N],中国社会科学报,2016 - 11 - 23(6).

明表达为矩阵形式,其中,莱斯利(Leslie)矩阵预测模型因其考虑了绝大部分的影响因素而成为一种相对较为精确的方法。因而本研究将采取莱斯利人口预测矩阵并对其加以改进,来预测生育政策调整下人口年龄结构的变化。

根据莱斯利人口预测矩阵(Leslie population matrix)得到人口预测模型:

$$
X(t+1) = \begin{bmatrix} x_0(t+1) \\ x_1(t+1) \\ \cdots\cdots \\ x_{n-1}(t+1) \\ x_n(t+1) \end{bmatrix} = \begin{bmatrix} w_0 b_0 & w_1 b_1 & \cdots\cdots & w_{n-1} b_{n-1} & w_n \\ p_1 & 0 & \cdots\cdots & 0 & 0 \\ 0 & p_2 & \cdots\cdots & 0 & 0 \\ \cdots\cdots & \cdots\cdots & \cdots\cdots & \cdots\cdots & \cdots\cdots \\ 0 & 0 & \cdots\cdots & p_{n-1} & 0 \end{bmatrix} \begin{bmatrix} x_0(t) \\ x_1(t) \\ \cdots\cdots \\ x_{n-1}(t) \\ x_n(t) \end{bmatrix}
$$

其中,$w_i(t)$为 t 年 i 岁人口女性比例,$i = 1, 2, \cdots\cdots, n$;$b_i(t)$为 t 年 i 年龄育龄妇女生育率;$p_i$为 i 年龄一年内存活率;$X(t)$为 t 年年龄别人口分布列向量;$X_i(t)$为 t 年 i 年龄个体数量。

总的来说,生育调整下未来的人口数量和结构变动趋势可以基于一定总和生育率,采用队列分要素法对人口进行预测。具体的计算过程可以通过 PADIS-INT 人口预测软件来完成。

4.3　数据来源与甄别

笔者采用联合国人口司关于中国 2015 年分性别 1 岁年龄组人口数据作为起始年份人口,在生育、死亡、迁移和出生性别比参数假定下,利用队列分要素法预测生育政策调整下未来人口年龄结构的变动趋势。

4.3.1　数据的来源

本书数据来源于联合国人口司公布的有关中国人口年龄结构的

相关数据,其中包括 2015 年 1 岁年龄组分性别人口数、2016—2100
年间出生性别比、2016—2100 年间分性别预期寿命、2016—2100 年
间 5 岁年龄组生育率、2016—2100 年间总和生育率。预测时可以将
生育水平设定为两种方案,一种为"生育政策不调整"下的预测方案,
即在假定生育水平随时间发生变化前提下对联合国人口司公布数据
修正而得到 2016—2100 年间的总和生育率;另一种为"生育政策调
整"下的预测方案。在第二种方案中又分为高、中、低三方案。即高
方案为最高可能生育水平设定的方案,低方案为最低可能生育水平
设定的方案,中方案为可能的生育水平平均值方案。

4.4　相关参数的设定

运用 PADIS-INT 进行分要素人口预测,是需要 5 个基础参数,分
别为起始人口、生育参数(总和生育率和生育模式)、出生性别比、死亡
参数(平均预期寿命和死亡模式)、迁移参数(迁移水平和迁移模式)。

4.4.1　起始人口参数

本研究选取联合国人口司公布的 2015 年中国(大陆内地)人口
数据作为预测起始人口参数的设定。通过与国家统计局数据的比
对,验证了联合国数据作为基础预测数据的准确性。

4.4.2　生育参数

生育参数包括生育水平和生育模式。生育水平参数可以根据前
文测算出不同方案的总和生育率变动情况作为维持生育政策不调
整、低方案、中方案和高方案四个水平设定,以达到模拟各种可能的
生育水平下中国人口变化趋势的目的;生育模式采用比较贴近中国
育龄妇女年龄别生育率的联合国亚洲模式。[1]

---

[1] 王培安. 实施全面两政策人口变动测算研究[M]. 北京:中国人口出版社,2016:46.

4.4.3　出生性别比

生育政策调整下出生性别比(Sex ratio at birth)参数设定是在联合国 2015—2100 年间出生性别比的预测参数基础上,综合不同学者[1]的研究,考虑到生育政策调整和经济社会发展等多种因素共同作用的条件下,将未来预测期内的出生性别比设定为 115—107。

4.4.4　死亡参数

死亡参数包括平均预测寿命和死亡模式。死亡参数一般很稳定,其中分性别预期寿命(Life expectancy at birth)采用联合国人口司关于中国 2016—2100 年间分性别预期寿命作为预测参数,2016—2100 年间男性寿命的区间为 75.03—89.54 岁,女性预期寿命的区间为 78.08—90.51 岁;死亡模式采用寇尔—德曼西区模型生命表(Coal-Demany regional model life tables)。寇尔—德曼模型生命表是国际上应用最多的一种模型生命表,之所以采用其中西区模型生命表,是因为一方面西区表所采用的原始生命表最多,另一方面是西区表更接近中国的实际。[2]

4.4.5　迁移参数

在迁移参数的设定上,考虑中国国际间人口迁移比较小,相对其人口总量而言显得微不足道,因此笔者假定中国人口在预测期内人口净迁移率(Net migration rate)为 0,为一个封闭式人口状态。

4.5　结果分析

生育政策调整是通过影响育龄妇女的生育率进而影响人口年龄

---

[1] 王培安. 实施全面两政策人口变动测算研究[M]. 北京:中国人口出版社,2016:46.
[2] 乔晓春."单独二孩"政策下新增人口测算方法及监测系统构建[J]. 人口与发展,2014(1):2—12.

结构,其中包括预测期内出生人口、劳动年龄人口和老龄人口的规模和结构变化。

4.5.1 生育政策调整下人口出生规模变化趋势

相对于维持生育政策不变的假设条件下,生育政策放宽将大幅度提高新生儿出生数量。对比维持生育政策不变与生育政策调整中方案下的出生人口预测结果可以看出(见图4-1),由于生育政策调整而堆积生育势能的集中释放导致2018年左右两者出生人口数量相差500万左右,随后在育龄妇女数量影响下呈波浪式变化,总体而言,生育势能堆积释放后2021—2100年间两者之间出生人口数量差距维持在300万—450万之间。

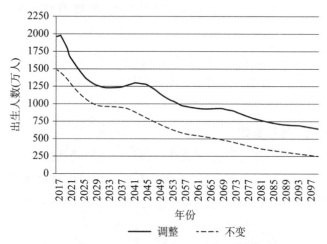

图4-1 中国出生人口在不同生育政策下的变化趋势(2017—2100)

4.5.2 生育政策调整下劳动年龄人口规模变化趋势

生育政策调整对劳动年龄人口规模的影响存在一定的滞后性,即生育政策调整下出生的人口一定时间后才会加入劳动年龄人口,即相对于维持生育政策不变的假设条件下,生育政策放宽将大幅度提高新生儿出生数量,15年后将增加劳动年龄人口的数量,但从总的趋势可以看出,生育政策调整下劳动年龄人口数量的增加只是放缓了劳动年龄人口规模下降的速度。

从 15—59 岁劳动年龄人口规模预测结果可以看出(见图 4-2),不同生育政策下劳动年龄人口规模 2026 年下降到 9 亿以下,之后整体维持着下降趋势。生育政策调整与否的区别体现在下降的速度差别,具体而言就是随着生育政策调整下新出生的人口在 2032 年加入劳动年龄人口群体,其规模整体下降趋势得到一定的缓解,体现在调整下的劳动年龄人口规模在 2051 年下降到 7 亿以下、2085 年下降到 5 亿以下,而维持生育政策不变的情况下人口规模在 2047 年下降到 7 亿以下、2066 年下降到 5 亿以下,且 2100 年调整下的劳动年龄人口比维持生育政策不变的情况下人口规模多 1.85 亿左右。

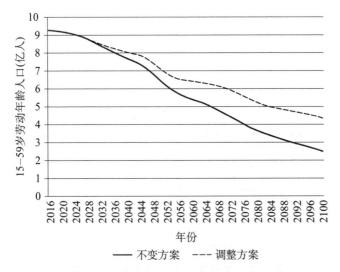

图 4-2 15—60 岁劳动年龄人口在不同生育政策下的变化趋势(2016—2100)

不同生育政策下 15—64 岁劳动年龄人口规模变动趋势与 15—59 岁人口变动趋势相近,不同的是两者规模在 2020 年都下降到 10

亿以下(见图4-2)。随着生育政策调整新出生的人口逐渐加入劳动年龄群体,两者下降程度在2032年出现了区别。具体为生育政策调整下的劳动年龄人口规模在2040年下降到9亿以下、2065年下降到7亿以下、2099年下降到5亿以下;而维持生育政策不变的情况下人口规模在2038年下降到9亿以下、2055年下降到7亿以下、2074年下降到5亿以下,且2100年调整下的劳动年龄人口比维持生育政策不变的情况下人口规模多2.00亿左右。

4.5.3 生育政策调整下老年人口规模变化趋势

生育政策调整对老年人口规模的影响存在一定的滞后性,即生育政策调整下出生的人口60年后才会加入老年人口,故生育政策调整不会改变未来60年内的老年人口规模,但会增加60年后老年人口的规模。

对比维持生育政策不变与生育政策调整中方案下的老年人口预测结果得出(见图4-3),无论生育政策是否调整,中国老年人口的规

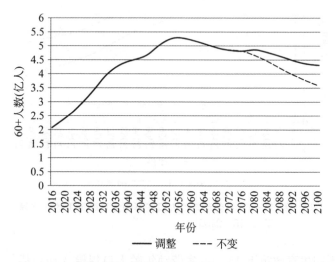

图4-3 中国老年人口在不同生育政策下的变化趋势
(2016—2100)

模都将在 2026 年左右突破 3 亿人,2034 年左右突破 4 亿人,2050
年左右突破 5 亿人,2056 年左右达到峰值 5.3 亿人左右。与假定生育
政策不调整对比可以看出,2077 年后生育政策调整下新出生的人口
将步入老年阶段,进而增加老年人口的规模,降低了老年人口数量下
降的速度。从预测数据可以发现,生育政策调整下 2077—2100 年间
老年人口规模维持在 4.8 亿—4.3 亿人左右,而如果生育政策不调
整,2077—2100 年间老年人口规模将维持在 4.8 亿—3.6 亿人左右。

4.5.4 生育政策调整下的人口老龄化进程

人口老龄化进程可以通过 60 岁以上人口占 15—59 岁劳动年龄
人口比例和 65 岁以上人口占 15—64 岁劳动年龄人口比例来衡量,
即通过对比不同生育政策条件下的 60＋抚养比和 65＋抚养比来分
析生育政策调整对人口老龄化进程的影响。

1. 60 岁以上老年人口抚养比变动

对比维持生育政策不变与生育政策调整中方案下的 60＋抚养比
预测结果得出(见图 4－4),两者的抚养比在 2032 年出现差异,维持

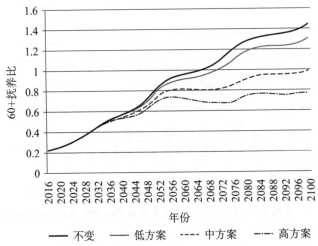

**图 4－4 中国 60＋抚养比在不同生育政策下的变化趋势
(2016—2100)**

生育政策不变下 60＋抚养比在 2066 年攀升到 1.0 左右,然后继续波浪式上升,直到 2100 年的 1.4 左右;生育政策调整中方案下 2016—2100 年间 60＋抚养比一直维持在 1 以下,即在 2056 年左右攀升到 0.8 左右,然后波浪式上升,直到 2100 年的 0.99 左右。对比生育政策调整低、中、高三方案下的 60＋抚养比预测结果可以看出,低方案下的 60＋抚养比在 2071 年左右攀升到 1.0 左右,2100 年攀升到 1.3 左右;高方案下的 60＋抚养比在 2048 年攀升到 0.6 左右,然后波浪式上升,但一直维持在 0.8 以下。

2. 65 岁以上老年人口抚养比变动

对比维持生育政策不变与生育政策调整中方案下的 65＋抚养比预测结果得出(见图 4－5),两者的抚养比在 2032 年出现差异,维持生育政策不变下 65＋抚养比在 2055 年攀升到 0.6 左右,然后继续波浪式上升,直到 2100 年的 1.1 左右;生育政策调整中方案下 2016—2100 年间 65＋抚养比一直维持在 0.8 以下,即在 2059 年左右攀升

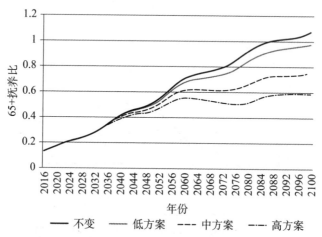

图 4－5　中国 65＋抚养比在不同生育政策下的变化趋势(2016—2100)

到 0.6 左右,然后波浪式上升,直到 2100 年在 0.75 左右。对比生
育政策调整低、中、高三方案下的 65＋抚养比预测结果可以看出,
低方案下 2016—2100 年间 65＋抚养比一直维持在 1.0 以下,在
2056 年左右攀升到 0.6 左右,2100 年攀升到 0.9 左右;高方案的
65＋抚养比在 2043 年攀升到 0.4 左右,然后波浪式上升,但一直
维持在 0.6 以下。

4.6　结论与讨论

采用联合国人口司关于中国 2015 年分性别 1 岁年龄组人口数
据作为起始年份人口,在一定的生育、死亡、迁移和出生性别比参数
假定下,利用队列分要素法预测生育政策调整下未来人口年龄结构
的变动趋势。

在对比不同生育政策下出生人口规模、劳动年龄人口规模、老年
人口规模、60＋抚养比和 65＋抚养比分析结果发现,生育政策调整不
但不能降低未来的老年人口规模,反而会增加 60 年后老年人口的规
模,但从人口年龄结构变动趋势可以看出与维持原有生育政策不变
下的老龄化进程相比,生育政策调整大大降低了未来老年人口的抚
养比,即对比维持生育政策不变与生育政策调整中方案下的 60＋和
65＋抚养比预测结果可以看出,2100 年抚养比分别下降 0.45 和
0.32,因此生育政策调整是有助于缓解人口老龄化的进程。

虽然生育政策调整能够在一定程度上放缓老龄化进程,但仔细
分析生育政策调整对人口老龄化进程影响的原因可以得出,生育政
策调整是通过增加未来人口出生数量、进而增加未来劳动年龄人口
数量来缓解人口年龄结构老化的速度,减轻老年人口抚养比。但如
果引入少儿抚养比,即从总抚养比的角度来看,社会抚养少儿和赡养

老人的压力依然很大。正如翟振武等[1]指出随着经济社会的发展,中国总和生育率将稳定在一个相对较低的水平上,结合不同的预测方案可以看出生育政策调整下的生育水平很难回到总和生育率为2.1的时代,整个人口年龄结构不可能再年轻,庞大的老年人口规模、快速的老年人口高龄化趋势以及不断加深的老龄化程度都将是中国必然要面对的未来。

---

[1] 翟振武,李龙,陈佳鞠. 全面两孩政策对未来中国人口的影响[J]. 东岳论丛,2016(2):84—86.

生育政策调整下城镇职工养老保险参加人数测算

生育政策调整背景下基础养老金收支平衡精算中,最重要的是对城镇职工基本养老保险参加人数和结构的估计,它建立在人口预测、城镇人口预测、城镇职工人口预测、养老保险覆盖率预测的基础上。思路为在已知期初分性别分年龄人口基数,期内人口总和生育率、生命表、城镇化率和一定参数假设条件下测算城镇分年龄分性别人口总量和年龄结构,再通过劳动参与率、就业率和养老保险覆盖率测算养老保险的在职缴费职工人数和退休领取养老金职工人数。即城镇职工养老保险在职缴费职工人数为城镇劳动适龄人口中进入劳动力市场就业且参加养老保险的在职职工数;城镇职工养老保险退休人数可根据城镇老年人口数量和城镇老年人口中参与城镇基本养老保险的参保率来测算基础养老金退休职工人数。

5.1 城镇职工养老保险参加人数测算思路

城镇职工养老保险参加人数测算可分为预测期内城镇人口、城镇职工养老保险参保职工人数和退休职工人数测算。

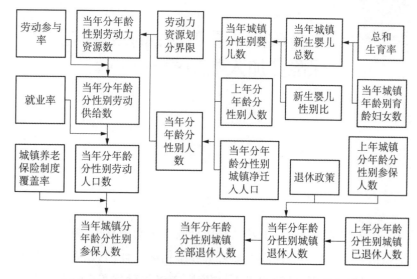

图 5-1　城镇养老保险参保职工和退休职工人数测算思路

5.1.1　城镇人口测算思路

城镇人口测算一般可分趋势预测、构成预测和要素预测。趋势预测是指在假定某种变化趋势不变的前提下,利用已有数据中得出的发展趋势测算未来城镇人口分布;构成预测是指通过城镇化参数模拟未来城镇与农村地域人口构成的动态变化,从总人口中测算城镇人口的分布;要素预测是指在一定的城镇人口总和生育率和预期寿命参数假设下,依据一定的迁移模式得出未来城镇人口分布。生育政策调整下基础养老金收支平衡分析需要准确确定总和生育率参数,而学界现有关于生育水平的文献中只有总人口群体的总和生育率研究比较成熟,城镇人口生育水平和人口迁移模式的研究成果和资料不足以作为未来长期的测算基础,故本研究结合趋势预测和构成预测两种方法测算未来城镇人口分布变化趋势。具体而言就是在未来总人口分布变动趋势中,依据一定城镇化参数假设和在已有的数据中得出的变动规律去测算未来城镇人口分布变动趋势。

5.1.2 城镇养老保险参保职工测算思路

城镇参保职工是指城镇职工中参加城镇职工养老保险制度的城镇就业在职职工人口,即城镇参保职工等于城镇就业人员乘以参保率;而城镇就业人口是指城镇劳动年龄人口一部分参与经济活动的人口,即城镇就业人口等于城镇经济活动人口乘以就业率,其中城镇经济活动人口等于城镇劳动年龄人口乘以劳动参与率。以上公式关联起来就是城镇参保职工等于城镇人口乘以劳动年龄人口比例,再乘以劳动参与率,再乘以城镇就业率,再乘以参保率。其中劳动年龄人口比例、劳动参与率、城镇就业率和在职职工参保率参数的变动趋势可以在已有的数据基础上,结合不同学者的研究成果推导出来,从而得出预测期内准确的城镇参保职工分布数据。

5.1.3 城镇养老保险退休职工测算思路

城镇养老保险退休职工测算思路有两种,一种是把城镇退休职工理解为主要来源于上年城镇退休职工人数和当年新增退休职工人数;另一种是通过历年来城镇养老保险退休人数占城镇老年人口的比例变动趋势,在未来的城镇老年人口基础上预测城镇养老保险退休人数。

第一种思路认为当年城镇退休职工人数是在一定存活概率下,上年城镇退休职工人数存活到当年的人数和上年城镇参保职工中符合退休条件新增的退休职工之和。如林宝[①]的对历年来城镇退休职工人数和城镇参保职工人数数据分析发现,可以利用当年城镇参保职工数、上年城镇退休职工数进行线性回归分析得出相应预测模型,从而测算未来年份城镇退休职工人数。即结合线性回归预测模型,

---

① 林宝.人口老龄化与城镇基本养老保险制度的可持续性[M].北京:中国社会科学出版社,2014:133—134.

得出可以利用上年城镇退休职工人数和当年城镇参保职工人数两个变量在一定的参数下测算城镇退休职工人数。但由于预测期内生命表内的死亡概率是变动的,且不同总和生育率下参保职工年龄人数差异相对比较大,这会影响预测结果的准确性,另外不采用此思路测算城镇养老保险退休人数重要的原因是在有限的数据基础上,涉及到的变量越多其模型预测的准确性越差。如利用 2000—2014 年离退休职工实际人数与其模型拟合人数进行比对发现,两者差值大于实际值的 1‰,证明了此模型不适合作为长期城镇养老保险退休人数测算。第二种思路的关键参数是城镇养老保险退休人数占城镇老年人口的比例,即城镇老人参保率。利用城镇老人参保率参数预测城镇养老保险退休人数计算简单,对数据要求低,涉及变量参数少,因此可以作为长期城镇养老保险退休人数测算。从城镇老人参保率变动趋势可以看出,1995—2015 年间的变动范围在10‰左右,维持在 70‰—80‰之间,其相对稳定的特点也适宜作为测算参数。

5.2 城镇职工养老保险参加人数测算参数设定

城镇养老保险参保在职职工和退休职工人数统称为城镇职工养老保险制度覆盖人口,其覆盖人口来源于城镇就业人口,城镇就业人口来源于城镇人口,城镇人口来源于总人口。根据生育政策调整下的总和生育率测算年龄别人口总量和结构变化,结合城镇化参数得到全部城镇人口的总量和结构变化,再通过劳动参与率、就业率和养老保险覆盖率等参数测算城镇年龄别参保在职职工人数和退休职工人数。

5.2.1 城镇人口测算相关参数设定
未来城镇人口测算是依据一定城镇化参数假设和在已有数据基

础上得出城镇化率参数的变动规律,在未来总人口分布中得出城镇人口变动趋势。

1. 1995—2014 年城镇化率变动趋势

根据 1995—2014 年《中国统计年鉴》和《中国人口与就业统计年鉴》数据计算得出中国城镇化率由 1995 年的 29.04％逐步上升到 2014 年的 54.77％。

表 5-1　1995—2014 年城镇化率变动趋势

	年末总人口(万人)	城镇人口(万人)	城镇化率(％)
1995	121121	35174	29.04
1996	122389	37304	30.48
1997	123626	39449	31.91
1998	124761	41608	33.35
1999	125786	43748	34.78
2000	126743	45906	36.22
2001	127627	48064	37.66
2002	128453	50212	39.09
2003	129227	52376	40.53
2004	129988	54283	41.76
2005	130756	56212	42.99
2006	131448	58288	44.34
2007	132129	60633	45.89
2008	132802	62403	46.99
2009	133450	64512	48.34
2010	134091	66978	49.95
2011	134735	69079	51.27
2012	135404	71182	52.57
2013	136072	73111	53.73
2014	136782	74916	54.77

注:数据来源于《中国统计年鉴》和《中国人口与就业统计年鉴》。

2. 预测期内城镇化率参数的设定

对未来中国城镇化率参数的设定可以参照刘昌平[①]利用 1951—2005 年(剔除 1959—1961 年)51 年的城市化率统计数据,运用非线性最小二乘法拟合 logistic 增长模型,并结合发达国家城镇化经验对我国未来的城镇化参数的估计方法。其研究结果显示城镇化增长模型为:

$$U_t = \frac{1}{1 + 8.271811 e^{-0.031577t}}, (拟合系数\ R^2 = 0.93215)$$

通过城镇化增长模型得出的未来城镇化率参数的发展趋势显示,2022—2056 年间城镇化率变化范围在 58.16—74.42 之间。最后通过 1951—2005 年间城镇化实际水平、拟合值对比验证了模型参数的准确性。

因此笔者借鉴其研究结果,根据已有的城镇数据和发达国家城镇化率达到 75％趋于稳定的经验设定来预测模型城镇化率的参数。具体参数设定见表 5-4,即预测期内 2016—2090 年间中国城镇化率变动范围为 55.62％—75.00％。

5.2.2 城镇参保职工测算相关参数设定

由上文城镇参保职工测算公式得出,与城镇参保职工相关的参数有劳动年龄人口比例、劳动参与率、城镇就业率、参保率。预测期内相关参数的变动趋势可以在已有的数据基础上,结合不同学者的研究成果,在一定的假设前提下设定预测期内相关参数。

1. 1995—2014 年城镇参保职工相关参数变动趋势

根据 1995—2014 年间人力资源和社会保障事业发展统计公报、中国统计年鉴和联合国人口司相关数据可以计算出劳动年龄人口比

① 刘昌平.可持续发展的中国城镇基本养老保险制度研究[M].中国社会科学出版社,2008:36.

例、劳动参与率、城镇就业率和在职职工参保率参数的分布。从表
5-2中可以看出1995—2014年间的劳动年龄人口比例变动区间为
63.24%—70.31%;劳动参与率变动区间为82.65%—89.61%;城镇
就业率变动区间为86.34%—96.53%;在职职工参保率变动区间为
39.21%—64.95%。

表5-2 1995—2014年城镇化率变动趋势,城镇参保职工相关参数变动趋势

单位:%

	劳动年龄人口比例	劳动参与率	城镇就业率	在职职工参保率
1995	63.24	88.67	96.53	45.89
1996	63.65	88.52	94.79	43.96
1997	63.88	88.86	92.80	41.73
1998	64.09	89.61	90.46	39.21
1999	64.46	89.42	88.87	42.40
2000	65.07	89.53	86.56	45.13
2001	65.76	87.96	86.76	44.78
2002	66.61	87.08	86.39	44.23
2003	67.53	85.90	86.34	44.40
2004	68.39	84.77	86.72	44.88
2005	69.11	84.36	86.62	46.22
2006	69.57	83.57	87.43	47.69
2007	69.97	82.89	88.03	49.05
2008	70.23	82.69	88.58	51.67
2009	70.31	82.65	88.88	53.25
2010	70.17	83.30	88.59	55.94
2011	69.89	83.40	89.20	60.05
2012	69.39	83.89	89.55	61.94
2013	68.76	84.65	89.87	63.23
2014	68.12	85.42	90.17	64.95

注:根据联合国人口司和中国统计年鉴相关数据计算而得。

2. 预测期内城镇参保职工相关参数的设定

由于城镇人口数据不足和相关前期研究的缺乏,因而可以假设

总人口的年龄结构与城镇人口的年龄结构相同,从而得出未来的城镇劳动年龄人口比例变动趋势;从已有的数据可以看出劳动参与率保持在85%—88%之间,且呈下降趋势,因此劳动参与率未来变动趋势设定为20年下降4个百分点,最终保持在70%[1];郑秉文等[2]根据历年的劳动统计年鉴的数据,假设未来的城镇劳动力失业率为4%并保持不变。但统计年鉴的失业率数据为城镇登记失业率,实际失业率比登记失业率要高,结合已有的数据参考中国社会科学院经济研究所课题组[3]和孙博[4]的相关研究结论设定城镇就业率为90%;孙博与董克用等[5]和蔡昉[6]研究结论都认为城镇职工养老保险覆盖率会匀速上升至100%,因此本研究假定在职职工参保率在2014年64.95%的基础上,结合已有数据显示的规律性养老保险年扩面增长率按每五年10%速率上升[7],直至100%覆盖率[8]。

具体预测期内的参数确定是在既有时点设定下,采用内插法得出,每年参数从表5-4中可以看出,预测期内2016—2090年间劳动参与率变动区间为85.02%—70.22%;城镇就业率为90.00%;在职职工参保率变动区间为68.95%—100%。

---

① 郑秉文,张锋.中国基本养老保险个人账户基金研究报告[M].北京:中国劳动社会保障出版社,2012:192.

② 同上书,第193页。

③ 中国社会科学院经济研究所课题组.金融危机背景下的就业形势[J].国内外经济动态,2009(19):36—39.

④ 孙博.生育政策调整对基本养老金缺口的影响研究[J].人口与经济,2011(2):101—109.

⑤ 孙博,董克用,唐远志.生育政策调整对基本养老金缺口的影响研究[J].人口与经济,2011(2):101—109.

⑥ 蔡昉.中国计划生育政策弊端渐显[J].远东经济评论,2007(3):18—21.

⑦ 郑秉文,张锋.中国基本养老保险个人账户基金研究报告[M].北京:中国劳动社会保障出版社,2012:193.

⑧ 郑秉文,张锋.中国基本养老保险个人账户基金研究报告[M].北京:中国劳动社会保障出版社,2012:193.

5.2.3 城镇退休职工测算相关参数设定

城镇职工养老保险退休人数测算是在城镇老年人口年龄结构基础上,结合城镇老年人口中参与城镇基本养老保险的参保率参数变动趋势得出预测期内退休人数分布变化。

1. 1995—2015 年城镇退休职工人数变动趋势

根据 1995—2015 年间人力资源和社会保障事业发展统计公报和联合国人口司相关数据可以计算出 60 岁以上城镇老年人口中参与城镇基本养老保险的比例分布,从表 5 - 3 可以看出,1995—2015 年间城镇 60+参保率的变动区间为 68.05%—79.15%。

表 5 - 3 1995—2015 年城镇退休职工人数变动趋势

	60+城镇人口(万人)	离退休人数(万人)	60+参保率(%)
1995	3193	2241	70.20
1996	3459	2358	68.17
1997	3722	2533	68.05
1998	3987	2727	68.41
1999	4256	2984	70.10
2000	4536	3170	69.89
2001	4825	3381	70.06
2002	5120	3608	70.47
2003	5429	3860	71.10
2004	5731	4103	71.58
2005	6060	4368	72.07
2006	6419	4635	72.22
2007	6837	4954	72.46
2008	7229	5304	73.37
2009	7716	5807	75.26
2010	8314	6305	75.84
2011	8925	6826	76.48
2012	9608	7446	77.50
2013	10315	8041	77.96

	60＋城镇人口（万人）	离退休人数（万人）	60＋参保率（%）
2014	11006	8593	78.08
2015	11550	9142	79.15

注：根据联合国人口司和中国统计年鉴相关数据计算而得。

2. 预测期内城镇退休人数相关参数的设定

城镇退休人数来源于城镇经济活动人口中参与城镇职工养老保险制度，退休后符合领取养老保险的老年人口。因此在城镇职工养老保险对城镇职工覆盖率会匀速上升至100%假设下，预测期内城镇老人参保率只与劳动参与率有关，即在2015年79.15%的老人参保率和2023年职工参保率100%基础上，根据已有的参保率变动趋势得出预测期内的老人参保率。从表5-4中可以看出，2016—2090年间城镇老人参保率变动区间为82.42%—70.22%。

5.3　城镇职工养老保险在职人数与退休人数测算结果

根据上文的研究思路，在一定的参数假设下，基于生育政策调整下总人口年龄结构的变动趋势可以得出城镇职工养老保险参保在职职工人数与退休职工人数测算结果。

5.3.1　城镇职工养老保险在职人数测算结果

由上文的思路可以得出预测期内城镇在职职工人数计算公式为：$\overline{N_t} = \overline{L_t} \times R_t \times \overline{Lr_t} \times E_t \times \overline{pr_t}$，其中$N_t$：t年城镇参保在职职工人数；$\overline{L_t}$：t年劳动年龄人口；$R_t$：t年城镇化率；$\overline{Lr_t}$：t年城镇劳动参与率；$E_t$：t年城镇就业率；$\overline{pr_t}$：t年城镇养老保险在职职工参保率。即生育政策调整下劳动年龄人口数据乘以相应的参数就能得到2016—2090年城镇养老保险参保职工人数分布。

表5-4　预测期内城镇退休人数相关参数的设定

单位：%

年份	城镇化率	劳动参与率	城镇就业率	在职职工参保率	60＋参保率
2016—2019	55.62—56.89	85.02—84.42	90.00—90.00	68.95—74.95	79.40—80.15
2020—2024	57.31—59.72	84.22—83.42	90.00—90.00	76.95—84.95	80.40—81.40
2025—2029	60.49—63.25	83.22—82.42	90.00—90.00	86.95—94.95	81.65—82.42
2030—2034	63.91—66.12	82.22—81.42	90.00—90.00	96.95—100.00	82.22—81.42
2035—2039	66.77—68.93	81.22—80.42	90.00—90.00	100.00—100.00	81.22—80.42
2040—2044	69.15—70.04	80.22—79.42	90.00—90.00	100.00—100.00	80.22—79.42
2045—2049	70.32—71.61	79.22—78.42	90.00—90.00	100.00—100.00	79.22—78.42
2050—2054	72.05—73.68	78.22—77.42	90.00—90.00	100.00—100.00	78.22—77.42
2055—2059	74.05—74.47	77.22—76.42	90.00—90.00	100.00—100.00	77.22—76.42
2060—2064	74.49—74.56	76.22—75.42	90.00—90.00	100.00—100.00	76.22—75.42
2065—2069	74.57—74.64	75.22—74.42	90.00—90.00	100.00—100.00	75.22—74.42
2070—2074	74.66—74.73	74.22—73.42	90.00—90.00	100.00—100.00	74.22—73.42
2075—2079	74.74—74.81	73.22—72.42	90.00—90.00	100.00—100.00	73.22—72.42
2080—2084	74.83—74.90	72.22—71.42	90.00—90.00	100.00—100.00	72.22—71.42
2085—2089	74.91—74.98	71.22—70.42	90.00—90.00	100.00—100.00	71.22—70.42
2090—2094	75.00—75.00	70.22—70.02	90.00—90.00	100.00—100.00	70.22—70.02
2095—2100	75.00—75.00	70.02—70.02	90.00—90.00	100.00—100.00	70.02—70.02

表 5－5　2016—2090 城镇养老保险参保职工人数预测　单位：万人

年份	政策不变	政策调整		
		低方案	中方案	高方案
2016	27281.5	27281.5	27281.5	27281.5
2020	30818.2	30818.2	30818.2	30818.2
2025	35484.1	35484.1	35484.1	35484.1
2030	39482.6	39482.6	39482.6	39482.6
2035	39585.8	39896.6	40513.4	41205.6
2040	38489.6	38995.6	40260.9	41625.1
2045	36370.1	37044.3	38862.8	40799.2
2050	32861.2	33700.3	36069.7	38577.6
2055	30036.6	31067.7	34064.7	37247.6
2060	27842.6	29117.6	32883.5	36982.5
2065	25626.9	27138.1	31720.2	36829.2
2070	23067.8	24769.5	30093.5	36126.7
2075	20182.9	22051.2	28049.0	34928.1
2080	17772.6	19503.1	25569.9	32642.6
2085	15957.5	17689.6	23882.2	31333.9
2090	14467.4	16224.6	22658.8	30671.8

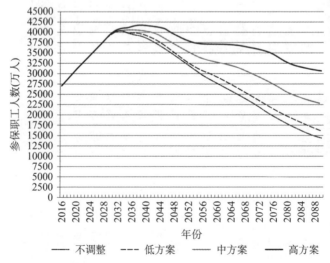

图 5－2　不同调整方案下的城镇养老保险在职职工人数变动趋势

从图 5-2 中可以看出,不同调整方案下的城镇养老保险参保职工人数在 2032 年出现差异,高方案下参保职工人数逐渐上升到 2038年的 4.18 亿人,然后波浪下降,直到 2090 年的 3.07 亿人;中方案下参保职工人数逐渐上升到 2038 年的 4.06 亿人,然后下降,直到 2090年的 2.27 亿人;低方案下参保职工人数逐渐上升到 2037 年的 3.97亿人,然后下降到 2090 年的 1.62 亿人;政策不调整下参保职工人数下降的速度最快,由 2032 年最高点 4.03 亿人下降到 2090 年的1.45亿人。

5.3.2 城镇养老保险退休职工人数测算结果

根据上文的思路可以得出预测期内城镇养老保险退休职工人数测算公式为: $\overline{O_t} = \overline{Lo_t} \times R_t \times \overline{or_t}$,其中 $\overline{O_t}$:t 年城镇退休职工人数;$\overline{Lo_t}$:t 年 60 岁以上老年人口数;R_t:t 年城镇化率;$\overline{or_t}$:t 年城镇 60岁以上老年人口养老保险参保率。即生育政策调整下 60 岁以上老年人口数据乘以相应的参数就能得到 2016—2090 城镇养老保险退休职工人数分布。

表 5-6 2016—2065 城镇养老保险退休职工人数预测 单位:万人

年份	政策不变	政策调整		
		低方案	中方案	高方案
2016	9240.6	9240.6	9240.6	9240.6
2020	11070.6	11070.6	11070.6	11070.6
2025	14281.5	14281.5	14281.5	14281.5
2030	18677.3	18677.3	18677.3	18677.3
2035	22504.9	22504.9	22504.9	22504.9
2040	24626.4	24626.4	24626.4	24626.4
2045	25771.2	25771.2	25771.2	25771.2
2050	28448.3	28448.3	28448.3	28448.3
2055	30215.6	30215.6	30215.6	30215.6
2060	29517.6	29517.6	29517.6	29517.6

年份	政策不变	政策调整		
		低方案	中方案	高方案
2065	28216.5	28216.5	28216.5	28216.5
2070	27127.0	27127.0	27127.0	27127.0
2075	26359.9	26359.9	26359.9	26359.9
2080	25155.8	25489.4	26151.5	26894.3
2085	23419.1	23939.1	25242.0	26646.3
2090	21476.2	22148.8	23970.6	25909.4

　　生育政策调整下的出生人口 60 年后才会加入老年群体,因此其对城镇养老保险退休职工人数的影响存在一定的滞后性,从图 5 - 3 中可以看出,不同调整方案下的城镇养老保险退休职工人数 2077 年才会出现差异,2078—2090 年高方案下退休职工人数维持在 2.5—2.75 亿间,中方案下降到 2.5 亿以下,低方案和政策不调整下退休职工人数则下降到 2.25 亿以下。

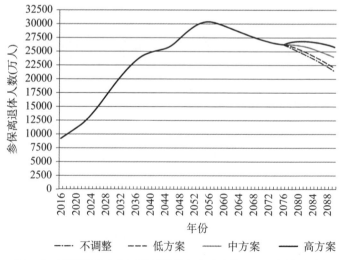

图 5 - 3　不同调整方案下的城镇养老保险退休职工人数变动趋势

5.4 小结

在基础养老金收支平衡精算中，最重要的是对生育政策调整背景下城镇职工基本养老保险参加人数和结构的估计，它建立在人口预测、城镇人口预测、城镇职工人口预测、养老保险覆盖率预测的基础上。生育政策调整对城镇职工基本养老保险参加人数和结构影响存在一定的滞后性，即假定 15 岁起加入城镇职工基本养老保险，60 岁后退休领取养老金，那么 2016 年出生的人口 2032 年才会影响城镇养老保险参保职工人数，2077 年才会影响城镇养老保险退休职工人数，且在预测期内对参保职工人数影响大于对退休职工人数的影响。

不同调整方案下的城镇养老保险参保职工人数在 2032 年出现差异，高方案下参保职工人数逐渐上升到 2038 年的 4.18 亿人，然后波浪下降，直到 2090 年的 3.07 亿人；中方案下参保职工人数逐渐上升到 2038 年的 4.06 亿人，然后下降，直到 2090 年的 2.27 亿人；低方案下参保职工人数逐渐上升到 2037 年的 3.97 亿人，然后下降到 2090 年的 1.62 亿人；政策不调整下参保职工人数下降的速度最快，由 2032 年最高点 4.03 亿人下降到 2090 年的 1.45 亿人。

不同调整方案下的城镇养老保险退休职工人数 2077 年才会出现差异，2078—2090 年高方案下退休职工人数维持在 2.5 亿—2.75 亿间，中方案下降到 2.5 亿以下，低方案和政策不调整下退休职工人数则下降到 2.25 亿以下。

生育政策调整背景下城镇职工基本养老保险参加人数和结构的测算奠定了基础养老金收支平衡精算的重要基础。

6

基础养老金收支平衡精算模型的构建

　　城镇职工基本养老保险基金分为基础养老基金和个人账户基金。从制度设计上看个人账户基金是不受人口年龄结构的影响,其制度设计决定它精算中性[①],而以现收现付为特征的基础养老金会受到人口年龄结构变动等因素的影响[②],故本章主要研究以现收现付制为制度模式的基础养老金收支平衡,且界定测算部分不考虑国家财政补贴。生育政策调整对基础养老金收支平衡影响研究的制度基础是《关于建立统一的企业职工基本养老保险制度的决定》(国发〔1997〕26 号)和《国务院关于完善企业职工基本养老保险制度的决定》(国发〔2005〕38 号)中所规定的城镇企业职工基本养老保险制度关于基础养老金的制度模式和缴费、计发办法。养老保险制度长期收支平衡精算模型的构建是建立在对未来人口结构、未来工资和利率预测基础上,因此基础养老金收支平衡精算可分为四个相互联系的精算模块,即包括生育政策调整背景下城镇分年龄参加养老保险

---

① 邓大松,刘昌平. 中国养老社会保险基金敏感性实证研究[J]. 经济科学,2001(6): 13—20.

② 何平. 中国养老保险基金测算报告[J]. 社会保障制度,2001(3): 3—9.

在职职工与退休职工人数动态变化的人口模块;包括职工平均工资水平、职工工资增长率、劳动参与率、就业率和城镇化率等动态变化的经济模块;在一定缴费规则下基础养老金收入模块;在一定计发系数和养老金调整比例规则下基础养老金给付模块。

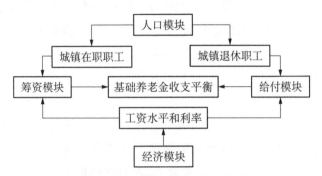

图 6-1　生育政策调整对基础养老金收支平衡影响研究思路

6.1　基础养老金收支平衡的影响因素与基本假设

按照前文的文献综述,可把影响基础养老金收支平衡的因素分为制度外生因素和制度内生因素[1],制度外生因素是指由制度外变量决定,不能通过养老保险制度调整来改变的,又对基础养老金收支平衡产生影响的因素,包括生育政策调整与人口老龄化等;制度内生因素是指由制度本身决定,对基础养老金收支平衡产生影响的因素,包括退休年龄、覆盖范围与参保率,缴费与计发办法等。本书研究的重点是生育政策调整对基础养老金收支平衡的影响,即关注生育政策调整背景下人口年龄结构的变动对基础养老金收支平衡的影响,因此具体的研究思路是在厘清基础养老金收支平衡的影响因素基础

---

[1] 李珍.社会保障理论(第二版)[M].北京:中国劳动与社会保障出版社,2007:167.

上，控制其他因素去分析生育政策调整背景下人口年龄结构变动对收支平衡的影响。

6.1.1　制度因素与基本假设

本研究的主要制度基础是《关于建立统一的企业职工基本养老保险制度的决定》（国发〔1997〕26 号）和《国务院关于完善企业职工基本养老保险制度的决定》（国发〔2005〕38 号）中所规定的城镇企业职工基本养老保险制度关于基础养老金的制度模式和缴费、计发办法，因此以下分析也是基于这两项制度展开。

1. 退休年龄

郑秉文等[①]和孙博等[②]的关于退休年龄的研究结论在对男性与女性职工退休年龄加权平均的基础上设定平均退休年龄为 56 岁。十二届全国人大三次会议记者会上，人力资源和社会保障部部长尹蔚民[③]说，人社部将很快拿出延迟退休方案，并向社会广泛征求意见。方案制定过程中有三个基本考虑：小步慢走，渐进到位；区别对待，分步实施；提前公示，预先预告。因此综合不同学者的研究和将很快出台的延迟退休政策，笔者假设预测期前影响基础养老金收支平衡的平均退休年龄为 56 岁，预测期内影响基础养老金收支平衡的平均退休年龄为 60 岁。

2. 缴费与计发办法

按照《中华人民共和国社会保险法》[④]和《国务院关于完善企业职

---

① 郑秉文，张锋. 中国基本养老保险个人账户基金研究报告[M]. 北京：中国劳动社会保障出版社，2012：200.

② 孙博，董克用，唐远志. 生育政策调整对基本养老金缺口的影响研究[J]. 人口与经济，2011(2)：106.

③ 延迟退休方案今年出台[EB/OL]. 凤凰资讯，2016.3.1[引用日期 2016.03.21]，http://news. ifeng. com/a/20160301/47639780_0. shtml.

④ 中华人民共和国社会保险法[EB/OL]. 中央政府网，2010.10.28[引用日期 2016.03.12]，http://www. gov. cn/zxft/ft209/content_1748773. htm.

工基本养老保险制度的决定》①（国发〔2005〕38 号）规定设定基础养老金的缴费率为职工缴费工资的 20％。参照《国务院关于完善企业职工基本养老保险制度的决定》②（国发〔2005〕38 号）规定，在《国务院关于建立统一的企业职工基本养老保险制度的决定》③（国发〔1997〕26 号）规定 15 年缴费年限可领取 20％的基础上，设定缴费每满 1 年，增发 1％的基础养老金，直到 30％水平为止。④ 虽然缴费与计发办法对基础养老金收支平衡影响很大，但可以假设在预测期内是固定不变的。

3. 覆盖范围与参保率

城镇职工养老保险的覆盖范畴包括：城镇各类企业及其职工、机关事业单位及其职工、无雇工的个体工商户、非全日制从业人员和灵活就业人员。《社会保险费征缴暂行条例》（国发〔1999〕259 号）提出扩大社会保险覆盖面，提高基金生缴率，增强社会保险基金的支撑能力，因此参照孙博和董克用等⑤和蔡昉⑥研究结论，假设城镇职工养老保险覆盖率会匀速上升至 100％。

4. "老人""中人"和"新人"不同群体的界定

笔者依据国发〔1997〕26 号文件和国发〔2005〕38 号文件将领取养老金人员划分为"老人""新人""在职中人"和"退休中人"四类，具

① 国务院关于完善企业职工基本养老保险制度的决定[EB/OL]. 中国政府网，2005. 12. 3 [引用日期 2016. 03. 12]，http://www. gov. cn/zhuanti/2015-06/13/content_2878967. htm.

② 国务院关于完善企业职工基本养老保险制度的决定[EB/OL]. 中国政府网，2005. 12. 3[引用日期 2016. 03. 12]，http://www. gov. cn/zhuanti/2015-06/13/content_2878967. htm.

③ 国务院关于建立统一的企业职工基本养老保险制度的决定[EB/OL]. 中国政府网，1997. 07. 16[引用日期 2016. 03. 12]，http://www. gov. cn/ztzl/nmg/content_412509. htm.

④ 何平. 中国养老保险基金测算报告[J]. 社会保障制度，2001(3)：6.

⑤ 孙博，董克用，唐远志. 生育政策调整对基本养老金缺口的影响研究[J]. 人口与经济. 2011 (2)：101—109.

⑥ 蔡昉. 中国计划生育政策弊端渐显[J]. 远东经济评论，2007，(3).

体划分标准如下：

即依据《关于建立统一的企业职工基本养老保险制度的决定》[①]
（国发〔1997〕26 号）中"本决定实施前已经离退休的人员，仍按国家
原来的规定发给养老金，同时执行养老金调整办法"和"本决定实施
前参加工作、实施后退休且个人缴费和视同缴费年限累计满 15 年的
人员，按照新老办法平稳衔接……在发给基础养老金……基础上再
确定过渡性养老金"的规定，先将领取养老金人员划分为"老人""中
人"和"新人"。因此本书假设"老人"是指 1998 年 1 月 1 日前退休的
职工；"中人"是指 1998 年 1 月 1 日前参加工作，在此之后退休的职
工；"新人"是指 1998 年 1 月 1 日后参加工作的职工。

再根据《国务院关于完善企业职工基本养老保险制度的决定》[②]
（国发〔2005〕38 号）中"从 2006 年 1 月 1 日起……退休时的基础养老
金月标准以当地上年度在岗职工月平均工资和本人指数化月平均缴
费工资的平均值为基数，缴费每满 1 年发给 1‰"、"国发〔1997〕26 号
文件实施前参加工作，本决定实施后退休且缴费年限累计满 15 年的
人员，在发给基础养老金……基础上再发给过渡性养老金"、"本决定
实施后到达退休年龄但缴费年限累计不满 15 年的人员，不发给基础
养老金"和"本决定实施前已经离退休的人员，仍按国家原来的规定
发给基本养老金"的相关规定，将"中人"划分为"在职中人"和"退休
中人"。"退休中人"是指 1998 年 1 月 1 日前参加工作，2006 年 1 月
1 日前退休的职工；"在职中人"是指 1998 年 1 月 1 日前参加工作，

① 国务院关于建立统一的企业职工基本养老保险制度的决定[EB/OL]. 中国政府网，
　1997. 07. 16[引用日期 2016. 03. 12]，http：//www. gov. cn/ztzl/nmg/content_412509.
　htm.
② 国务院关于完善企业职工基本养老保险制度的决定[EB/OL]. 中国政府网，2005. 12. 3
　[引用日期 2016. 03. 12]，http：//www. gov. cn/zhuanti/2015-06/13/content_2878967.
　htm.

2006 年 1 月 1 日后退休的职工。

其他具体的假设还包括：城镇职工养老保险制度缴费与发放均按年计算，且缴费与发放都在年初；只考虑参保职工的基本养老保险费的收入，不考虑财政补贴等额外的养老保险收入；只考虑参保退休人员的基本养老金支出，不考虑管理费以及职工死亡对其家属的费用等额外的养老保险支出；不考虑城镇职工养老保险收入结构中新人、中人与老人之间的差异；不考虑提前退休的情况；不考虑通货膨胀；假设某年龄职工一旦退休后，未来不再有同年龄退休职工加入。[①]

6.1.2　人口因素与基本假设

从养老保险收支平衡数理分析来看，基础养老金的现收现付制是一代人供养另一代人的制度，供款一代人与领款一代人的比例为赡养率，而赡养率的变动会受人口年龄结构变动的影响。随着人口出生率的下降、经济发展水平和医疗保健水平的提高，老年人寿命的不断延长，使人口年龄结构中老年人口数不断增加，即人口老龄化的加剧。对养老保险制度而言，人口老龄化将导致基础养老金收支失衡的风险加剧。其中影响人口老龄化重要因素之一就是生育率的变化，而生育率的变化又与生育政策调整相关。包括 2013 年 11 月 15 日"单独二孩"政策与 2015 年 10 月 29 日"全面两孩"政策在内的生育政策调整影响着未来生育率的变化，进而影响中国人口年龄结构的变化和养老保险制度赡养率的变化，最终影响基础养老金收支平衡和养老保险制度的可持续发展。马骏[②]认为准确地预测生育政策调整下未来人口规模和年龄结构是研究分析城镇职工养老金收支平衡的基础。从目前情况看，中国未来人口结构的快速老龄化是一个必然

① 于洪,钟和卿.中国基本养老保险制度可持续运行能力分析——来自三种模拟条件的测算[J].财经研究,2009(9)：26—34.

② 马骏.中国国家资产负债表研究[M].北京：社会科学文献出版社,2012：218.

趋势,这将从根本上降低养老金的缴费人口与受益人口的相对比例,增加政府所需财政补贴的金额,进而可能导致基础养老金的给付危机。

进一步分析可以看出,生育政策调整下人口年龄结构的变动影响着基础养老保险缴费人口数和领取养老保险金人口数,即城镇职工养老保险的参保职工人数和退休职工人数。本研究的重点是在控制影响养老金收支平衡的其他因素基础上,分析生育政策调整下城镇职工养老保险参保职工人数和退休职工人数的变动对收支平衡的影响。其中,生育政策调整下生育率预测假设包括:生育是一年内只能发生一次的事件,如预测中不包括生育一胎者当年再生育二胎的情况,或一年内生育两次的情况;预测中的生育进度按照生育意愿调查中的进度释放;政策目标人群中在没有政策调整的情况下的政策外生育二孩的比例保持不变。然后通过采用妇女总和生育率、预期寿命和标准化迁移率指标,预测城镇人口的总量和结构变动。

6.1.3 经济因素与基本假设

经济因素属于制度外生因素,其对基础养老金收支平衡的影响主要通过经济增长率、社会平均工资增长率影响养老金的缴费;通过城镇化水平、劳动参与率、就业率影响参保职工人数和退休职工人数;通过通货膨胀率、投资平均回报率、消费价格指数增长率影响养老金的发放。

经济增长率、社会平均工资增长率对养老金缴费的影响主要体现为对缴费工资增长率参数的影响。城镇化水平、劳动参与率、就业率对参保职工人数和退休职工人数的影响主要体现为通过总人口年龄结构推导出预测期内各年度城镇职工养老保险参保职工人数和退休职工人数。由于本书收支平衡分析主要关注的是基础养老金的年度收支平衡,因此通货膨胀率、投资平均回报率、消费价格指数增长率对养老金发放的影响主要体现为对平均养老金增长率和养老金替代率参数的影响。

6.2 基础养老金的收支平衡模型的参数设定

6.2.1 基础养老保险基金收入相关参数估计

影响基础养老保险基金收入相关参数有参保职工人数、城镇在岗职工年平均工资、基础养老金缴费率和平均缴费工资基数。其中，参保职工人数在第 4 章已分析完成，基础养老金缴费率由制度设定为城镇在岗职工年平均工资的 20％，下文着重分析城镇在岗职工年平均工资和平均缴费工资基数两个参数。具体的思路为在已公布数据分析的基础上，结合不同学者研究结论设定预测期内相关参数的变动趋势。

（1）2000—2015 年间相关参数变动趋势

根据 2000—2015 年间国家统计局公布的城镇单位在岗职工平均工资数据可以看出年均增长在 9.45％—17.23％之间，且呈下降趋势。1997 年《职工基本养老保险个人账户管理暂行办法》规定职工本人一般以上一年度本人月平均工资为个人缴费工资基数。本人月平均工资低于当地职工平均工资 60％的，按当地职工月平均工资的 60％缴费；超过当地职工平均工资 300％的，按当地职工月平均工资的 300％缴费，超过部分不计入缴费工资基数，也不记入计发养老金的基数。根据 2005—2015 年间人力资源和社会保障事业发展统计公报与中国统计年鉴数据计算出缴费工资占职工工资比例系数在 49.57％—63.92％之间，并呈下降趋势。

表 6-1 2000—2015 年间相关收入参数变动趋势

	在岗职工平均工资（元）	在岗职工工资增长率（％）	缴费工资占职工工资比例（％）
2000	9371	—	—
2001	10870	16.00	—

	在岗职工 平均工资(元)	在岗职工 工资增长率(%)	缴费工资占职 工工资比例(%)
2002	12422	14.28	—
2003	14040	13.03	—
2004	16024	14.13	—
2005	18364	14.60	63.92
2006	21001	14.36	62.72
2007	24932	18.72	61.27
2008	29229	17.23	59.05
2009	32736	12.00	58.62
2010	37147	13.47	55.05
2011	42452	14.28	54.44
2012	47593	12.11	53.77
2013	52388	10.08	52.54
2014	57361	9.49	49.83
2015	63241	10.25	49.57

注：数据来源于历年人力资源和社会保障事业发展统计公报与中国统计年鉴；缴费工资占职工工资比例计算公式见第2章表2-3。

2. 2016—2100 年间相关参数估计

刘昌平[①]认为工资"补偿性"增长随着经济发展不断趋于成熟而最终会呈现下降趋势。考虑到工资增长率与经济发展水平的相关性，结合已有的数据和亚洲开发银行[②]、郑秉文[③]与刘昌平[④]相关研究

① 刘昌平. 可持续发展的中国城镇基本养老保险制度研究[M]. 北京：中国社会科学出版社,2008：34.
② 亚洲开发银行. 韩国今后 20 年的平均经济增长率为 3.9%[EB/OL]. 2010-10-01[引用日期 2016-03-12], http://world. kbs. co. kr/chinese/news/news_Ec_detail. htm?No=29037&id=Ec.
③ 郑秉文,张锋. 中国基本养老保险个人账户基金研究报告[M]. 北京：中国劳动社会保障出版社,2012：200.
④ 刘昌平. 可持续发展的中国城镇基本养老保险制度研究[M]. 北京：中国社会科学出版社,2008：34.

结论,预测期内工资增长率逐渐下降到 2020 年的 6％,2030 年下降到 5％,2050 年下降到 4％,逐渐下降到 2080 年的 2％,并维持 2％不变。

劳动保障部社会保险研究所"中国养老社会保险基金测算与管理"课题组对北京、上海、大连、成都和西安抽样调查结果显示 2001 年缴费工资占实际工资的 87％。[1] 2016 年 10 月国务院印发《关于激发重点群体活力带动城乡居民增收的实施意见》提出将城镇私营单位在岗职工平均工资纳入缴费基数统计口径范围,形成合理的社会保险缴费基数,避免对低收入群体的制度性挤出。杨燕绥[2]分析,扩宽统计口径范围,将小企业、民营企业纳入进来,预计缴费基数将下降 10％左右。因此,结合已有的数据和郑秉文等[3]相关研究设定研究期间缴费工资占职工工资比例系数逐步下降到 2020 年的 40％,并维持不变。

各年的增长率采用直线内插法,得出:

表 6-2　2016—2100 年间相关收入参数设定　　　单位：％

年份	工资增长率	缴费工资占职工工资比例
2016—2019	9.40—6.85	47.66—41.91
2020—2024	6.00—5.60	40.00—40.00
2025—2029	5.50—5.10	40.00—40.00
2030—2034	5.00—4.80	40.00—40.00
2035—2039	4.75—4.55	40.00—40.00
2040—2044	4.50—4.30	40.00—40.00

① 劳动保障部法制司,劳动保障部社会保险研究所,博时基金管理有限公司.中国养老社会保险基金测算与管理[M].北京:经济科学出版社,2001:28.
② 河南新闻广播."上班族速看! 这次社保调整后,你的收入会增加吗?"[EB/OL].2016-11-02[引用日期 2016-03-12].http://mp.weixin.qq.com/.
③ 郑秉文,张锋.中国基本养老保险个人账户基金研究报告[M].北京:中国劳动社会保障出版社,2012:201.

年份	工资增长率	缴费工资占职工工资比例
2045—2049	4.25—4.05	40.00—40.00
2050—2054	4.00—3.73	40.00—40.00
2055—2059	3.67—3.40	40.00—40.00
2060—2064	3.33—3.07	40.00—40.00
2065—2069	3.00—2.73	40.00—40.00
2070—2074	2.67—2.40	40.00—40.00
2075—2079	2.33—2.07	40.00—40.00
2080—2084	2.00—2.00	40.00—40.00
2085—2089	2.00—2.00	40.00—40.00
2090—2094	2.00—2.00	40.00—40.00
2095—2100	2.00—2.00	40.00—40.00

6.2.2　基础养老保险基金支出相关参数估计

基础养老保险基金支出影响因素包括养老金计发办法、上年度退休金水平和养老金调整比例等制度因素;上年度职工工资人均水平和工资增长率等经济因素;退休年龄和领取养老金职工人数等人口因素。其中预测期内上年度基础养老金支出水平和上年度城镇职工平均工资是已知变量;城镇退休职工人数可以根据总人口年龄结构的变动推算出来;养老金计发办法由制度设定,可以假设为预测期内保持不变。因此,影响基础养老保险基金支出的关键参数是养老金综合调整系数和养老金综合替代率。

（1）2005—2015 年间相关参数变动趋势

根据 2005—2015 年间人力资源和社会保障事业发展统计公报中平均养老金和在岗职工年平均工资数据可以计算出养老金增长率和养老金平均替代率,从两者的变动趋势可以看出,养老金增长率变动区间维持在 9.30％—15.72％之间;养老金平均替代率变动区间维持在 43.85％—50.37％之间。

表 6-3 2005—2015 年间相关支出参数变动趋势

年份	平均养老金(元)	养老金增长率(%)	在岗职工年平均工资(元)	平均替代率(%)
2005	9250.1	—	18364	50.37
2006	10564.4	14.21	21001	50.30
2007	12041.5	13.98	24932	48.30
2008	13933.9	15.72	29229	47.67
2009	15316.3	9.92	32736	46.79
2010	16740.7	9.30	37147	45.07
2011	18700.0	11.70	42452	44.05
2012	20900.7	11.77	47593	43.92
2013	22969.8	9.90	52388	43.85
2014	25315.9	10.21	57361	44.13
2015	28235.6	11.53	63241	44.65

注：数据来源于历年人力资源和社会保障事业发展统计公报与中国统计年鉴；养老金增长率和平均替代率由作者计算而得。

(2) 2016—2100 年间相关支出参数估计

利用 2005—2015 年间人力资源和社会保障事业发展统计公报中基金支出数据、年度退休人数数据与中国统计年鉴中年度人均工资数据，在养老金支出公式的基础上建立回归模型得出基础养老金支出综合调整系数为 1.130，综合替代率为 30.6%（计算过程见第 2 章），并结合养老金增长率变动趋势设定 2016—2100 年间综合替代率参数。

1. 平均养老金增长率参数估计

2004 年 9 月《关于从 2004 年 7 月 1 日起增加企业退休人员基本养老金的通知》（劳社部发〔2004〕24 号）提出："经国务院批准，从 2004 年 7 月 1 日起，为 2003 年 12 月 31 日前已按规定办理退休手续的企业退休人员提高基本养老金水平。此次调整基本养老金的水平，按照当地上年企业在岗职工平均工资增长率的 45% 左右确定。"根据国发〔2005〕38 号文件规定，国务院将根据职工工资和物价变动等情况适时调整企业退休人员基本养老金水平,调整幅度为省、自治区、直辖市当地企业在岗职工平均工资年增长率的一定比例。刘昌平[1]认为全国大部分地区一般设定的比例区间为 60%—80%。郑秉文[2]指出 2007—2011 年的 5 年间,人均养老金相对于上年度在岗职工平均工资的比率下降了 7.3 个百分点,主要原因在于人均养老金增长率低于同期社会平均工资增长率。人社部社保所金维刚表示[3],调整退休人员基本养老金,主要的参照系是物价上涨情况和职工平均工资增长情况,同时也要兼顾养老保险基金和财政等各方面的承受能力。人社部将总结连续调整养老金的经验,借鉴国外经验,结合养老保险制度改革发展顶层设计,尽快提出建立退休人员基本养老金合理调整机制的具体方案,合理调整退休人员基本养老金水平,以促进养老保险制度可持续发展。

因此结合 2005—2015 年间人力资源和社会保障事业发展统计公报中人均养老金增长率变动趋势,设定在岗职工平均工资年增长率的 70% 为平均养老金增长率,得出 2016—2100 年间平均养老金增长率参数,其中 2016 年参数设定值 6.58% 与 2016 年实际调整水平,即 2015 年已按规定办理退休手续并按月领取基本养老金的企业人员基本养老金水平的 6.5% 左右非常接近,间接证明参数设置的合理性。

2. 养老金综合替代率参数估计

在已有的综合替代率变动趋势基础上,根据《关于建立统一的企业职工基本养老保险制度的决定》[4](国发〔1997〕26 号)中"本决定实

① 刘昌平. 可持续发展的中国城镇基本养老保险制度研究[M]. 中国社会科学出版社, 2008:38.

② 郑秉文. 中国养老金发展报告 2012[M]. 北京:经济管理出版社,2012:104—105.

③ "人民日报详解养老金上调 6.5%是如何确定的"[EB/OL]. 人民日报,2016.04.17[引用日期 2016 - 03 - 12],http://business. sohu. com/20160417/n444550009. shtml.

④ 国务院关于建立统一的企业职工基本养老保险制度的决定[EB/OL]. 中国政府网,1997. 07.16[引用日期 2016.03.12],http://www. gov. cn/ztzl/nmg/content_412509. htm.

施前参加工作、实施后退休且个人缴费和视同缴费年限累计满 15 年的人员,按照新老办法平稳衔接、待遇水平基本平衡等原则,在发给基础养老金和个人账户养老金的基础上再确定过渡性养老金,过渡性养老金从养老保险基金中解决"和《国务院关于完善企业职工基本养老保险制度的决定》[①](国发〔2005〕38 号)中"从 2006 年 1 月 1 日起……退休时的基础养老金月标准以当地上年度在岗职工月平均工资和本人指数化月平均缴费工资的平均值为基数,缴费每满 1 年发给 1‰"的规定,在初始退休年龄 60 岁,极限寿命 90 岁的参数假设下,把预测期内基础养老金支出划分为"老人""退休中人""在职中人"和"新人"四个阶段。再根据四个阶段内不同的群体构成以及相应制度规定的领取养老金的水平设置养老金综合替代率参数。

(1)"老人"基础养老金的综合替代率

按照《关于建立统一的企业职工基本养老保险制度的决定》[②](国发〔1997〕26 号)中"本决定实施前已经离退休的人员,仍按国家原来的规定发给养老金,同时执行养老金调整办法"的规定计算老人的基础养老金支出,因此老人的综合替代率为:

$$\mathrm{To}_t = \mathrm{Q}_e \, (1+pg)^{t-e} / \overline{w}_e \, (1+g)^{t-e}$$

其中,To_t: t 年度"老人"的综合替代率;Q_e: 基年退休人员平均养老金;p: 退休人员基本养老金水平根据在岗职工平均工资年增长率进行调整的比例;g: 社会平均工资增长率;$\overline{w}_e$ 为基年社会平均工资;其中,$(1+pg)$ 又称之为综合调整系数。

---

① 国务院关于完善企业职工基本养老保险制度的决定[EB/OL]. 中国政府网,2005.12.3[引用日期 2016.03.12],http://www.gov.cn/zhuanti/2015-06/13/content_2878967.htm.

② 国务院关于建立统一的企业职工基本养老保险制度的决定[EB/OL]. 中国政府网,1997.07.16[引用日期 2016.03.12],http://www.gov.cn/ztzl/nmg/content_412509.htm.

由于制度设计的原因,老人的养老金综合替代率是最高的。

(2)"新人"基础养老金的综合替代率

按照《国务院关于完善企业职工基本养老保险制度的决定》[1](国发〔2005〕38 号)中"退休时的基础养老金月标准以当地上年度在岗职工月平均工资和本人指数化月平均缴费工资的平均值为基数,缴费每满 1 年发给 1%"的规定计算新人的基础养老金支出,其中指数化平均缴费工资[2]是指职工退休时上年度社会平均工资与本人平均缴费工资指数的乘积。本人平均缴费工资指数指参保人员缴费年限内历年缴费工资指数的平均值。因此,"新人"养老金的综合替代率为:

$$\mathrm{Tn}_t = \left[\frac{1}{2}(\overline{w_{(t-1)}} + \overline{w_{(x,\,t)}^{b-a}})(b-a)\% \right] / \overline{w_t}$$

$$其中,\overline{w_{(x,\,t)}^{b-a}} = \frac{\overline{w_{t-x+b-1}}}{b-a} \times \sum_{s=a}^{b-1} \frac{w_{(s,\,t-x+s)}}{w_{t-x+s}}$$

Tn_t 为 t 年新人基础养老金综合替代率;$\overline{w_t}$:t 年度城镇在职职工平均工资;g 为平均工资增长率;$\overline{w_{(x,\,t)}^{b-a}}$:第 t 年 x 岁职工退休前指数化平均缴费工资;b:职工退休年龄;a:职工参加工作年龄。

(3)"在职中人"基础养老金的综合替代率

"在职中人"的基础养老金按照《国务院关于完善企业职工基本养老保险制度的决定》[3](国发〔2005〕38 号)中"退休时的基础养老金月标准以当地上年度在岗职工月平均工资和本人指数化月平均缴费

---

[1] 国务院关于完善企业职工基本养老保险制度的决定[EB/OL].中国政府网,2005.12.3 [引用日期 2016.03.12],http://www.gov.cn/zhuanti/2015-06/13/content_2878967. htm.

[2] 本章假定参保职工全部按照社会平均工资水平缴纳养老保险费,则平均缴费指数为1。

[3] 国务院关于完善企业职工基本养老保险制度的决定[EB/OL].中国政府网,2005.12.3 [引用日期 2016.03.12],http://www.gov.cn/zhuanti/2015-06/13/content_2878967. htm.

工资的平均值为基数,缴费每满 1 年发给 1‰"和《关于建立统一的企业职工基本养老保险制度的决定》①(国发〔1997〕26 号)中"本决定实施前参加工作、实施后退休且个人缴费和视同缴费年限累计满 15 年的人员,按照新老办法平稳衔接、待遇水平基本平衡等原则,在发给基础养老金和个人账户养老金的基础上再确定过渡性养老金,过渡性养老金从养老保险基金中解决"的规定,得出由统筹账户养老金支出和过渡性养老金支出组成。因此,"在职中人"基础养老金的综合替代率为:

$$\mathrm{Tm}_t = \left[\frac{1}{2}(\overline{w}-_{(t-1)} + \overline{w^{b-a}_{(x,t)}})(b-a)\% + f \, \mathrm{Lm}_{b,t} \, \overline{w^{b-a}_{(x,t)}} Y_x \right] / \overline{w}_t$$

其中 Tm_t:t 年度"在职中人"基础养老金的综合替代率;$\overline{w}_t$:t 年度城镇在职职工平均工资;$\overline{w^{b-a}_{(x,t)}}$:第 t 年 x 岁职工退休前指数化平均缴费工资;b:职工退休年龄;a:职工参加工作年龄;f:过度系数;Y_x:视同缴费年限。

(4)"退休中人"基础养老金的综合替代率

"退休中人"的基础养老金支出是按照《关于建立统一的企业职工基本养老保险制度的决定》②(国发〔1997〕26 号)中"退休时的基础养老金月标准为省、自治区、直辖市或地(市)上年度职工月平均工资的 20%"和"本决定实施前参加工作、实施后退休且个人缴费和视同缴费年限累计满 15 年的人员,按照新老办法平稳衔接、待遇水平基本平衡等原则,在发给基础养老金和个人账户养老金的基础上再确

---

① 国务院关于建立统一的企业职工基本养老保险制度的决定[EB/OL]. 中国政府网, 1997.07.16[引用日期 2016.03.12], http://www.gov.cn/ztzl/nmg/content_412509.htm.

② 国务院关于建立统一的企业职工基本养老保险制度的决定[EB/OL]. 中国政府网, 1997.07.16[引用日期 2016.03.12], http://www.gov.cn/ztzl/nmg/content_412509.htm.

定过渡性养老金,过渡性养老金从养老保险基金中解决"的规定得出"退休中人"基础养老金的综合替代率计算公式为:

$$\text{Tm}'_t = [20\%\text{Lm}'_{b,t}\overline{w}_{(t-1)} + f\text{Lm}'_{b,t}\overline{w^{b-a}_{(x,t)}}Y_x]/\overline{w}_t$$

Tm'_t 为 t 年度"退休中人"基础养老金综合替代率;$\overline{w}_t$:t 年度城镇在职职工平均工资;$\overline{w^{b-a}_{(x,t)}}$:第 t 年 x 岁职工退休前指数化平均缴费工资;b:职工退休年龄;a:职工参加工作年龄;f:过度系数;Y_x:视同缴费年限。

(5) 综合替代率划分的五个阶段

在预测期前初始平均就业年龄 21 岁,退休年龄 56 岁,极限寿命 90 岁的参数假设下,可以根据"老人""退休中人""在职中人"和"新人"的不同定义把预测期内养老金收支平衡模型划分为五个阶段。

具体而言就是根据"老人"的年限规定可以推导出"老人"领取基础养老金时间为 2031 年之前,即 1998 年 1 月 1 日前刚满 56 岁的职工在 2031 年达到极限年龄 90 岁,由此退出领取基础养老金的人群;根据"退休中人"年限规定可以推导出"退休中人"领取基础养老金时间为 2039 年之前,即 2006 年 1 月 1 日前刚满 56 岁的职工在 2039 年达到极限年龄 90 岁,由此退出领取基础养老金的人群;根据"在职中人"年限规定可以推导出"在职中人"领取基础养老金时间为 2066 年之前,即 1998 年 1 月 1 日前参加工作刚满 21 岁的职工在 2066 年达到极限年龄 90 岁,由此退出领取基础养老金的人群;根据"新人"年限规定可以推导出"新人"领取基础养老金时间为 2033 年之后[1],即 1998 年 1 月 1 日后参加工作的职工,累计缴费年限满 15 年且年满 56 岁在 2033 年之后就能领取基础养老金。

---

[1] 胡晓义.走向和谐:中国社会保障发展 60 年[M].北京:中国劳动社会保障出版社,2009:88—89.

$$\begin{cases} T_t = To_t + Tm_t + Tm'_t & 2016 \leq t \leq 2030 \\ T_t = Tm_t + Tm'_t & 2031 \leq t \leq 2032 \\ T_t = Tm_t + Tm'_t + Tn_t & 2033 \leq t \leq 2038 \\ T_t = Tm_t + Tn_t & 2039 \leq t \leq 2065 \\ T_t = Tn_t & 2066 \leq t \end{cases}$$

（6）预测期内综合替代率参数设定

由上文不同群体和时段导致不同的综合替代率的分析，再结合 2005—2015 年间数据的回归模型中的替代率和平均养老金增长率变动趋势，设定基础养老金的综合替代率由 2015 年的 44.56%，逐渐下降到 2031 年的 30.6%，直到 2066 年的 20%，并维持不变。

表 6-4　2016—2100 年间相关支出参数设定　　　　单位：%

年份	综合替代率
2016—2019	43.77—41.14
2020—2024	40.26—36.75
2025—2029	35.87—32.36
2030—2034	31.84—29.69
2035—2039	29.39—28.18
2040—2044	27.87—26.66
2045—2049	26.36—25.15
2050—2054	24.85—23.63
2055—2059	23.33—22.12
2060—2064	21.82—20.61
2065—2069	20.30—20.00
2070—2074	20.00—20.00
2075—2079	20.00—20.00
2080—2084	20.00—20.00
2085—2089	20.00—20.00
2090—2094	20.00—20.00
2095—2100	20.00—20.00

6.3 基础养老金收支平衡模型

6.3.1 测算周期的选择

测算周期的要求有两个,一是测算周期不能太短,其需要有足够的时间来调整制度参数,以满足制度财务可持续性的要求;二是测算周期不能太长,太长的测算周期不确定性会增加,模糊了测算的精准性。美国的"联邦老年、遗属和残疾保险信托基金理事会"(OASDI)每年公布的《联邦老年、遗属和残疾保险信托基金理事会年度报告》[①]都进行短期、中期和长期的养老金债务测算,其中长期的测算周期为75年。考虑到生育政策调整下的出生人口平均要 21 年[②]才能进入养老金系统,平均 56 岁才能领取养老金,从而对基础养老金收支平衡造成双向影响。因此在 2016 年 1 月 1 日的测算时点上,确定测算期限为未来 75 年,即 2016—2090 年。

6.3.2 收支平衡模型的构建

1. 城镇基础养老金收入模型

从基础养老保险收支平衡的数理分析和基础养老保险基金收入结构分析可以看出,城镇基础养老金收入的计算公式为:

基础养老金缴费收入 = 在职职工参保人数 × 缴费率 × 缴费工资基数,其中,缴费率可依据《关于建立统一的企业职工基本养老保

---

① Board of trustees of the Federal Old-Age and Survivors Insurance and Disability Insurance Trust Funds(may 31,2013),the 2013 Annual Report of the Board of trustees of the Federal Old-Age and Survivors Insurance and Disability Insurance Trust Funds Communication. Washington,D. C. p. 11.

② 参考孙博和董克用在《生育政策调整对基本养老金缺口的影响研究》中的结论将职工平均初始就业年龄设定为 21 岁。

险制度的决定》[①]（国发〔1997〕26 号）和《国务院关于完善企业职工基本养老保险制度的决定》[②]（国发〔2005〕38 号）中关于统筹账户基本养老保险费的缴费比例一般为工资总额的 20％的设定。基础养老保险缴费工资基数可以通过城镇在岗职工平均工资推导出来，即用缴费工资占职工工资比例系数 R 来表示缴费工资与在岗职工平均工资的关系。因此第 t 年基础养老金的收入等于 t 年度城镇在岗职工工资总额与养老保险综合缴费率的乘积，记为：

$$I_t = 20\% \sum_{x=a}^{b-1} La_{(x,t)} \overline{w_t} R，(t = 2016，2017，\cdots\cdots，2090)$$

其中 $La_{(x,t)}$：t 年 x 岁城镇企业职工参保人数；a：参加工作年龄；$\overline{w_t}$：t 年城镇企业在岗职工平均工资水平；R：缴费工资占职工工资比例系数。

2. 城镇基础养老金支出模型

根据基础养老保险收支平衡的数理分析和不同群体养老金支出分析，可以得出基础养老金支出模型的简单计算公式：

基础养老金支出 ＝ 退休职工人数×社会平均工资×综合替代率，其中退休职工人数参数已在第 5 章详细讨论过，社会平均工资参数和综合替代率参数在上文中也给出了详细的设定说明，因此第 t 年基础养老金的支出等于 t 年度退休职工人数、t 年度城镇在岗职工平均工资与养老金综合替代率的乘积，记为：

---

① 国务院关于建立统一的企业职工基本养老保险制度的决定[EB/OL]. 中国政府网，1997.07.16[引用日期 2016.03.12]，http://www.gov.cn/ztzl/nmg/content_412509. htm.

② 国务院关于完善企业职工基本养老保险制度的决定[EB/OL]. 中国政府网，2005.12.3 [引用日期 2016.03.12]，http://www.gov.cn/zhuanti/2015-06/13/content_2878967. htm.

$$P_t = T_t \sum_{x=b}^{m-1} \text{Lb}_{(x,\,t)} \overline{w}_t, \quad (t = 2016, 2017, \cdots\cdots, 2090)$$

其中，P_t：t 年度退休职工的基础养老金支出额；$\text{Lb}_{(x,\,t)}$：t 年度 x 岁城镇退休职工人数；$\sum_{x=b}^{m-1} \text{Lb}_{(x,\,t)}$：t 年度 x 岁城镇退休职工总数；$T_t$：t 年基础养老金的综合替代率；$b$：职工退休年龄；$m$：最高生存年龄；$\overline{w}_t$：t 年城镇企业在岗职工平均工资水平。

3. 基础养老金收支平衡模型

基础养老金收支平衡可以分为两种：一为年度平衡，二为累计平衡。年度平衡是指一年内基础养老金的收入等于基础养老金的支出；累计平衡是指在一定预测期内基础养老金的收入等于基础养老金的支出。

基础养老金年度平衡为：$G_t = I_t - P_t$，其中，G_t：t 年基础养老金收支差额，则年度平衡为 $G_t = 0$。

如果 $G_t > 0$，且基金结余用于投资并获得收益率为 R 的回报，则基础养老金的累计结余为：$G_t = G^* + \sum_{t=t^*+1}^{n} (I_t - P_t)$，其中，$G^* = \sum_{t=1}^{t^*} (I_t - P_t) \times (1+R)^{n-t}$，其中 t^* 是基金结余首次为负的时间，那么基础养老金累计收支平衡的条件为：$\sum_{t=1}^{n} G_t = 0$。

6.4　实证结果与分析

根据生育政策调整不同方案的城镇参保职工人数和退休职工人数预测结果，利用基础养老保险收支平衡模型测算得出未来 75 年基础养老金的年度收支平衡状况。因此，城镇职工养老保险收支平衡分析结果可分为假设生育政策不变方案下基金收支状况、生育政策调整下生育率"低方案"下基金收支状况、生育政策调整下生育率"中方案"下基金收支状况和生育政策调整下生育率"高方案"下基金收支状况。生育政策调整对城镇职工基本养老保险统筹基金财务状况的影响主要从以下几个指标体现：基金收入、基金支出、收支差额、累计收支差额、年度性缺口、累计缺口和基金率[①]的变化幅度。

6.4.1 生育政策不变方案下基础养老金收支状况

生育政策不变方案下基金收支状况可作为基准方案,有利于对比分析生育政策对基础养老金收支平衡的影响。

从表 6-5 可以看出,2016 年到 2090 年基金养老保险社会统筹基金的收入和支出均呈现上升趋势。就基础养老金征缴收入而言,2016 年收入规模(即不考虑财政补贴)为 17992 亿元,到 2090 年收入规模达到 126702 亿元。从基础养老金支出来看,支出规模从 2016 年的 27983 亿元增加到 2090 年的 470209 亿元。

从基础养老金年度性缺口来看,2016 年为-9991 亿元,随着时间的推移,收支缺口不断扩大,到 2090 年达到-343507 亿元;从基础养老金累计缺口来看,在没有任何财政补贴的情况下,累计缺口将从 2016 年的-9991 亿元,增加到 2090 年的-13124639 亿元。

此外,如果从基金率这一指标来衡量基础养老金的支付能力的话,可以看出自 2016 年以后,基础养老金的基金率持续走低,2090 年下降到-27.18。可见基础养老金的支付能力不断下降,制度负债不断加重,面临巨大的支付压力。

---

① 基金率：是指年初基金累计余额与当年支出额度之比,基金率越高,表明年初基金的支付能力越强;基金率越低,表明年初基金的支付能力越弱。

表6-5　基准方案：基础养老金财务运行状况　　　单位：亿元

年份	基金收入	基金支出	年度性缺口	累计缺口	基金率
2016	17992	27983	−9991	−9991	0.00
2020	22586	40831	−18245	−70232	−1.27
2025	34311	61919	−27607	−187448	−2.58
2030	49191	91567	−42376	−369443	−3.57
2035	62498	130530	−68032	−651169	−4.47
2040	76089	169602	−93512	−1072520	−5.77
2045	88959	207698	−118740	−1613593	−7.20
2050	98261	264234	−165973	−2340144	−8.23
2055	108226	317496	−209269	−3310289	−9.77
2060	118954	343966	−225012	−4417139	−12.19
2065	127754	356934	−229180	−5557643	−14.93
2070	132022	388137	−256114	−6772965	−16.79
2075	130474	426015	−295541	−8171036	−18.49
2080	127686	451824	−324138	−9745804	−20.85
2085	126578	464410	−337832	−11414611	−23.85
2090	126702	470209	−343507	−13124639	−27.18

6.4.2　生育政策调整下基础养老金收支状况

生育政策调整对基础养老金收支平衡的影响存在一定的滞后性，生育政策调整下出生人口15年后才会陆陆续续进入城镇职工养老保险缴费系统①，2016年出生的"二孩"2032年才会对基础养老金征缴收入逐渐产生影响；生育政策调整下出生人口60年后才会陆陆续续进入城镇职工养老保险支付系统②，2016年出生的"二孩"2077年才会对基础养老金支出产生影响。因此，相对于基准方案，生育政策调整下生育率"低""中"和"高"方案下年度缺口变化存在一定波动，从累计缺口和基金率变化可以看出，总体上能够不同程度缓解养老保险的支付压力。

---

① 假设城镇职工初始就业年龄为15岁。
② 假设城镇职工领取退休金的初始年龄为60岁。

1. 生育率"低方案"下基础养老金收支状况

生育率低方案下,基础养老金财务收支状况有一定程度的改善。

第一,从基础养老金收入方面来看,2016 年征缴收入为 17992 亿元,2090 年征缴收入达到 142091 亿元。从基础养老金支出方面来看,2016 年基金支出为 27983 亿元,2090 年基金支出达到 484935 亿元。2035 年后生育政策调整"低方案"下基金收入较基准方案下提高了 0.78%—12.15%。

第二,基础养老金年度性缺口和累计缺口相对减少。基金收入的变化幅度大于支出的变化幅度,使得基础养老金的年度性缺口和累计缺口都有一定的减少。从表中看出,2035 年基础养老金的年度缺口较基准方案下降了 0.72%,然后该比例逐渐上升到 2075 年的最高点 4.09%,最后下降到 2090 年的 0.19%;而 2035 年累计缺口较基准方案下降了 0.18%,然后该比例逐渐上升至最高点 2080 年的 2.50%,后下降为 2090 年的 2.09%。

第三,从基金率角度来看,低方案下 2090 年基金率为 −25.79,相对于基准方案,从 2035 年起基金率提高了 0.01 个点,之后持续提高,到 2090 年基金率提高了 1.39 个点,这表明基础养老金的财务支付能力得到了部分提高,财务状况得到部分改善,支付危机得到了部分缓解。

2. 生育率"中方案"下基础养老金收支状况

生育率中方案下,基础养老金财务收支状况有明显的改善。

第一,从基础养老金收入方面来看,2016 年征缴收入为 17992 亿元,2090 年征缴收入达到 198441 亿元。从基础养老金支出方面来看,2016 年基金支出为 27983 亿元,2090 年基金支出达到 524823 亿元。2035—2090 年生育政策调整"中方案"下基金收入较基准方案下提高了 2.34%—56.62%。

表6-6 低方案：社会统筹基金财务运行状况及相比基准方案变化幅度　　单位：亿元，%

年份	财务状况					影响幅度			
	基金收入	基金支出	年度缺口	累计缺口	基金率	收入变化	年度缺口变化	累计缺口变化	基金率变化
2016	17992	27983	-9991	-9991	0.00	0.00	0.00	0.00	0.00
2020	22586	40831	-18245	-70232	-1.27	0.00	0.00	0.00	0.00
2025	34311	61919	-27607	-187448	-2.58	0.00	0.00	0.00	0.00
2030	49191	91567	-42376	-369443	-3.57	0.00	0.00	0.00	0.00
2035	62988	130530	-67542	-649997	-4.46	0.78	-0.72	-0.18	0.01
2040	77090	169602	-92512	-1067397	-5.75	1.32	-1.07	-0.48	0.02
2045	90608	207698	-117091	-1601592	-7.15	1.85	-1.39	-0.74	0.05
2050	100770	264234	-163464	-2317440	-8.15	2.55	-1.51	-0.97	0.08
2055	111942	317496	-205554	-3271592	-9.66	3.43	-1.78	-1.17	0.11
2060	124401	343966	-219564	-4354851	-12.02	4.58	-2.42	-1.41	0.17
2065	135287	356934	-221646	-5461961	-14.68	5.90	-3.29	-1.72	0.25
2070	141762	388137	-246375	-6633050	-16.45	7.38	-3.80	-2.07	0.34
2075	142552	426015	-283463	-7975466	-18.06	9.26	-4.09	-2.39	0.43
2080	140119	457816	-317697	-9502557	-20.06	9.74	-1.99	-2.50	0.79
2085	140317	474722	-334405	-11148562	-22.78	10.85	-1.01	-2.33	1.07
2090	142091	484935	-342844	-12849787	-25.79	12.15	-0.19	-2.09	1.39

注：影响幅度中收入变化指标计算公式为（低方案征缴收入－基准方案征缴收入）/基准方案征缴收入＊100；年度缺口变化计算公式为（低方案年度缺口－基准方案年度缺口）/基准方案年度缺口＊100；累计缺口变化计算公式为（低方案累计缺口－基准方案累计缺口）/基准方案累计缺口＊100；基金率变化计算公式：低方案基金率－基准方案基金率。

表6-7 中方案：社会统筹基金财务运行状况及相比基准方案变化幅度

单位：亿元，%

年份	财务状况					影响幅度			
	基金收入	基金支出	年度缺口	累计缺口	基金率	收入变化	年度缺口变化	累计缺口变化	基金率变化
2016	17992	27983	-9991	-9991	0.00	0.00	0.00	0.00	0.00
2020	22586	40831	-18245	-70232	-1.27	0.00	0.00	0.00	0.00
2025	34311	61919	-27607	-187448	-2.58	0.00	0.00	0.00	0.00
2030	49191	91567	-42376	-369443	-3.57	0.00	0.00	0.00	0.00
2035	63962	130530	-66568	-647652	-4.45	2.34	-2.15	-0.54	0.02
2040	79591	169602	-90010	-1055733	-5.69	4.60	-3.74	-1.57	0.08
2045	95055	207698	-112643	-1571796	-7.03	6.85	-5.13	-2.59	0.17
2050	107855	264234	-156379	-2257850	-7.95	9.76	-5.78	-3.52	0.28
2055	122740	317496	-194756	-3165993	-9.36	13.41	-6.94	-4.36	0.41
2060	140491	343966	-203475	-4180014	-11.56	18.11	-9.57	-5.37	0.63
2065	158130	356934	-198804	-5186860	-13.97	23.78	-13.25	-6.67	0.96
2070	172233	388137	-215904	-6221138	-15.47	30.46	-15.70	-8.15	1.32
2075	181325	426015	-244689	-7386566	-16.76	38.97	-17.21	-9.60	1.73
2080	183705	469707	-286003	-8733220	-17.98	43.87	-11.77	-10.39	2.87
2085	189438	500561	-311123	-10246943	-19.85	49.66	-7.91	-10.23	4.00
2090	198441	524823	-326382	-11852514	-21.96	56.62	-4.99	-9.69	5.22

注：影响幅度中收入变化指标计算公式为（低方案征缴收入－基准方案征缴收入）/基准方案征缴收入＊100；年度缺口变化计算公式为（低方案年度缺口－基准方案年度缺口）/基准方案年度缺口＊100；累计缺口变化计算公式为（低方案累计缺口－基准方案累计缺口）/基准方案累计缺口＊100；基金率变化计算公式：低方案基金率－基准方案基金率。

第二,基础养老金年度性缺口和累计缺口明显减少。基金收入的变化幅度大于支出的变化幅度,使得基础养老金的年度性缺口和累计缺口都明显减少。从表中看出,2035 年基础养老金的年度缺口较基准方案下降了 2.15%,然后该比例逐渐上升到 2075 年的最高点 17.21%,最后下降到 2090 年的 4.99%;而 2035 年累计缺口较基准方案下降了 0.54%,然后该比例逐渐上升至最高点 2080 年的 10.39%,后下降为 2090 年的 9.69%。

第三,从基金率角度来看,中方案下 2090 年基金率为 −21.96,相对于基准方案,从 2035 年起基金率提高了 0.02 个点,之后持续提高,到 2090 年基金率提高了 5.22 个点,这表明基础养老金的财务支付能力得到了明显提高,财务状况得到明显改善,支付危机得到了明显缓解。

3. 生育率"高方案"下基础养老金收支状况

生育率高方案下,基础养老金财务收支状况有显著的改善。

第一,从基础养老金收入方面来看,2016 年征缴收入为 17992 亿元,2090 年征缴收入达到 268616 亿元。从基础养老金支出方面来看,2016 年基金支出为 27983 亿元,2090 年基金支出达到 567271 亿元。2035—2090 年生育政策调整"高方案"下基金收入较基准方案下提高了 8.15%—112.01%。

第二,基础养老金年度性缺口和累计缺口显著减少。基金收入的变化幅度大于支出的变化幅度,使得基础养老金的年度性缺口和累计缺口都显著减少。从表中看出,2035 年基础养老金的年度缺口较基准方案下降了 3.76%,然后该比例逐渐上升到 2075 年的最高点 32.25%,最后下降到 2090 年的 13.06%;而 2035 年累计缺口较基准方案下降了 0.94%,然后该比例逐渐上升至最高点 2085 年的 19.27%,后下降为 2090 年的 18.66%。

表 6-8　高方案：社会统筹基金财务运行状况及相比基准方案变化幅度　　　单位：亿元，%

年份	财务状况					影响幅度			
	基金收入	基金支出	年度缺口	累计缺口	基金率	收入变化	年度缺口变化	累计缺口变化	基金率变化
2016	17992	27983	-9991	-9991	0.00	0.00	0.00	0.00	0.00
2020	22586	40831	-18245	-70232	-1.27	0.00	0.00	0.00	0.00
2025	34311	61919	-27607	-187448	-2.58	0.00	0.00	0.00	0.00
2030	49191	91567	-42376	-369443	-3.57	0.00	0.00	0.00	0.00
2035	65055	130530	-65475	-645018	-4.44	4.09	-3.76	-0.94	0.03
2040	82288	169602	-87314	-1042961	-5.63	8.15	-6.63	-2.76	0.14
2045	99792	207698	-107907	-1539645	-6.89	12.18	-9.12	-4.58	0.31
2050	115354	264234	-148880	-2194105	-7.74	17.40	-10.30	-6.24	0.49
2055	134209	317496	-183287	-3053519	-9.04	24.01	-12.42	-7.76	0.73
2060	158003	343966	-185962	-3992916	-11.07	32.83	-17.35	-9.60	1.12
2065	183599	356934	-173335	-4888893	-13.21	43.71	-24.37	-12.03	1.72
2070	206762	388137	-181375	-5769004	-14.40	56.61	-29.18	-14.82	2.39
2075	225796	426015	-200219	-6732339	-15.33	73.06	-32.25	-17.61	3.16
2080	234518	483050	-248532	-7869144	-15.78	83.67	-23.33	-19.26	5.07
2085	248546	528407	-279861	-9215553	-16.91	96.36	-17.16	-19.27	6.94
2090	268616	567271	-298655	-10676097	-18.29	112.01	-13.06	-18.66	8.89

注：影响幅度中收入变化指标计算公式为（低方案收入－基准方案征缴收入）/基准方案征缴收入＊100；年度缺口变化计算公式为（低方案年度缺口）/基准方案年度缺口＊100；累计缺口变化计算公式为（低方案累计缺口－基准方案累计缺口）/基准方案累计缺口＊100；基金率变化计算公式：低方案基金率－基准方案基金率。

第三,从"基金率"角度来看,高方案下 2090 年基金率为 -18.29,相对于基准方案,从 2035 年起基金率提高了 0.03 个点,之后持续提高,到 2090 年基金率提高了 8.89 个点,这表明基础养老金的财务支付能力得到了显著提高,财务状况得到显著改善,支付危机得到了显著缓解。

6.4.3 生育政策调整不同方案对基本养老保险基金影响差异的分析

从上文可以看出生育政策调整低、中、高三个方案相对于政策未调整方案(基准方案)对预测期内基础养老金财务状况的影响幅度存在显著的差异。下面将从基础养老金收入、支出、年度缺口和累计缺口四个方面分析预测期内不同方案对养老金财务状况的不同影响。

1. 不同方案下基础养老金收入差异分析

生育政策调整"低""中""高"方案下征缴收入增长幅度相对于基准方案显著不同。如图 6-2 所示,由于新出生的人口陆续加入城镇职工养老保险的征缴系统,2032 年后不同方案下的基金收入产生了

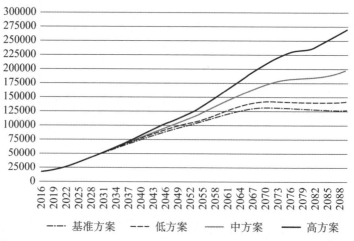

图 6-2　基准方案与政策调整三个方案下未来基金收入变动趋势(亿元)

差异。从基金收入的变化幅度来看,高方案下的收入增长幅度最高,
达到2090年的将近275000亿元;其次是中方案下2090年的200000
亿元;低方案和基准方案下的增长幅度比较接近,相当长的时间内维
持在125000亿—150000亿元之间。总的来说,生育政策调整可以增
加基础养老金的收入,改善增长停止甚至下降的趋势,从而改善基金
的财务状况。

2. 不同方案下基础养老金支出差异分析

假定新出生的人口60年后加入城镇退休职工群体,那么不同方
案下生育政策调整对基础养老金支出影响在2077年才会有所体现。
图6-3中可以看出,从基金支出的变化幅度来看,高方案下的支出
增长幅度最高,2090年支出总量已超过550000亿元;其次是中方案
下2090年的525000亿元;低方案和基准方案下的增长幅度比较接
近,维持在450000亿—500000亿元之间。总的来说,生育政策调整
增加基础养老金的支出,只不过这种影响要在60年之后,意味着基
础养老金财务风险的往后延迟。

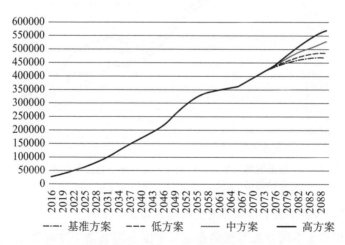

图6-3 基准方案与政策调整三个方案下未来基金支出变动趋势(亿元)

3. 不同方案下基础养老金年度收支余额差异分析

政策调整方案下基金年度收支余额相对于基准方案显著不同。总体来看,不同方案下预测期内收支都存在缺口,不同方案对收支余额影响只体现在对缺口大小的影响;不同方案下收支缺口存在一定的波动,这是由于预测期内总人口年龄结构的波动引起的,不同生育率方案相对基准方案只是加大了缺口波动的幅度。不同方案下基础养老金年度收支余额 2032 年开始出现差异,高方案下收支余额最高且呈现波动下降,直到 2090 年的接近 −300000 亿元;其次是中方案,2090 年余额已经低于 −325000 亿元;低方案和基准方案余额变动幅度比较相似,2090 年都接近 −350000 亿元。总的来说,生育政策调整缓解了基础养老金的年度缺口,生育率越高的方案,缓解程度越高,但逆转不了收支缺口逐步加大的趋势。

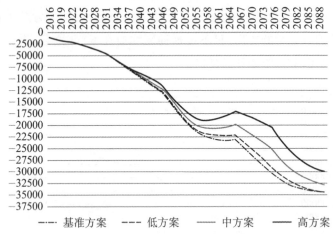

图 6−4　基准方案与生育政策调整三种方案下基金年度收支差额变动趋势(亿元)

4. 不同方案下基础养老金累计余额差异分析

相对于不同方案下基础养老金年度余额波动下降的变化趋势,累计余额是平滑抛物线式下降。具体而言,生育政策调整使某些年

份年度收支余额下降的趋势得到缓解甚至反向增长,但从累计余额
变化趋势上看不出此种影响。生育政策调整下"高""中"和"低"三个
方案相对于基准方案下基金累计收支余额都有不同程度的增加。高
方案下累计收支余额增加的幅度最大,2090 年累计结余接近
－11000000亿元,中方案下 2090 年累计结余接近－12000000 亿元,
低方案下则接近－13000000 亿元,而基准方案下 2090 年累计结余则
超过了－13000000 亿元。总的来说,生育政策调整改善了基础养老
金的财务状况,生育率越高的方案,改善程度越高,但也逆转不了累
计缺口逐步加大的趋势。

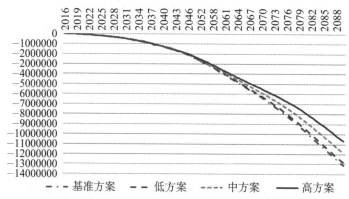

图6-5　基准方案与生育政策调整三种方案下基金累计收支差额变
动趋势(亿元)

6.5　小结

养老保险制度长期收支平衡精算模型的构建是建立在对未来人
口结构、未来工资和利率预测基础上,因此按照人口模块、经济模块、
收入模块和给付模块四个相互联系的精算模块,在一定的假设前提
和参数设定下构建收支平衡精算模型。再根据生育政策调整不同方
案的城镇参保职工人数和退休职工人数预测结果,按照生育政策不

变方案、生育政策调整下生育率"低方案"、生育政策调整下生育率"中方案"和生育政策调整下生育率"高方案"测算得出未来75年基础养老金的年度收支变动状况。

1. 生育政策调整对基础养老金收入影响

生育政策调整"低""中""高"方案下的征缴收入增长幅度相对于基准方案显著不同。生育政策调整可以增加基础养老金的收入,改善增长停止甚至下降的趋势,从而改善基金的财务状况。

2. 生育政策调整对基础养老金支出影响

生育政策调整增加基础养老金的支出,只不过这种影响要在60年之后,意味着基础养老金财务风险的往后延迟。

3. 生育政策调整对基础养老金年度收支余额的影响

政策调整方案下基金年度收支余额相对于基准方案显著不同。不同方案下收支缺口存在一定的波动,这是由于预测期内总人口年龄结构的波动引起的,不同生育率方案相对基准方案只是加大了缺口波动的幅度。生育政策调整缓解了基础养老金的年度缺口,生育率越高的方案,缓解程度越高,但逆转不了收支缺口逐步加大的趋势。

4. 不同方案下基础养老金累计余额差异分析

相对于不同方案下基础养老金年度余额波动下降的变化趋势,累计余额是平滑抛物线式下降,生育政策调整改善了基础养老金的财务状况,生育率越高的方案,改善程度越高,但也逆转不了累计缺口逐步加大的趋势。

总的来说,相对于基准方案,生育政策调整下生育率"低""中"和"高"方案下年度缺口变化存在一定波动,从累计缺口和基金率变化可以看出,总体上能够不同程度缓解养老保险的支付压力。即生育率低方案下,基础养老金财务收支状况有一定程度的改善;生育率中方案下,基础养老金财务收支状况有明显的改善;生育率高方案下,基础养老金财务收支状况有显著的改善。

模拟方案：延迟退休与基础养老金收支平衡

　　2013年11月,中共十八届三中全会正式提出：决定建立渐进式的延迟退休年龄政策。2015年十二届全国人大三次会议记者会上,人力资源和社会保障部部长尹蔚民、副部长胡晓义对就业和社会保障的相关问题回答中外记者提问,其中尹蔚民①表示：延迟退休年龄政策2016年向社会征求意见,2017年正式推出,方案公布5年后正式实施。② 而从相关官员表述和文献中可以看出,延迟退休最主要的目的就是缓解人口老龄化对养老金收支平衡的压力。如人力资源与社会保障部部长尹蔚民③曾表示过,实施延迟退休的原因就是应对人口老龄化对养老金收支平衡的影响。那么延迟退休对养老金收支平衡到底有什么样的影响？学界关于这个问题的研究,大部分只停留在定性角度的结论,即延迟退休有利于降低基础养老金收支失衡的

---

① 延迟退休方案今年出台[EB/OL]. 凤凰资讯,2016.3.1[引用日期2016.03.21],http://news. ifeng. com/a/20160301/47639780_0. shtml.

② 李彪. 加快推进社保改革,延迟退休明年有望启动[N]. 每日经济新闻,2016.12.12(002).

③ 2017年延迟退休年龄最新规定[EB/OL]. 搜狐教育,2017.2.3[引用日期201.02.20],http://learning. sohu. com/20170203/n479860531. shtml.

风险,增进基础养老金收支平衡。如李珍[1]认为,延迟退休年龄既可以增加保费收入,又可以减少退休金支出,能做到双向正面影响制度的财务状况,是人口老龄化下的必然选择;但从定量的角度看,延迟退休能够增加多少基础养老金收支余额,在预测期内能否填补基础养老金收支缺口、逆转收支失衡的趋势等问题都有待进一步的研究。特别是叠加生育政策调整这一重要变量,即延迟退休政策和生育政策调整下基础养老金精算平衡分析尚属空白。

本研究在已有的基础养老金精算平衡的基础上,改变退休年龄参数,对预测期内延迟退休下基础养老金收支平衡状况进行分析,并对比延迟退休和不延迟退休下基础养老金收支余额的变化,从而对可能的延迟退休方案提供一定借鉴。

7.1　城镇职工延迟退休改革方案与研究思路

7.1.1　延迟退休对养老金收支平衡的影响

其可从现收现付制度原理、延迟退休改革的目的和不同学者的研究结论三个方面论述。

从绪论中现收现付制度的数理分析可以得出,制度赡养率是影响现收现付制基础养老金收支平衡的重要因素,即制度覆盖下人口的年龄结构越老化,基础养老金越有可能收支失衡;制度覆盖下人口的年龄结构越年轻化,基础养老金越有可能收支平衡。在人口老龄化的背景下总人口的年龄结构是趋向老化,不同国家的人口发展证明了这种人口转型是不可改变的,即人口年龄结构越来越老化,人口的赡养率是会越来越高。因此,延迟退休的思路是在制度外变量不

---

① 专家:渐进式延迟退休年龄应对老龄化具可操作性[EB/OL].凤凰资讯,2016.3.1[引用日期2016.03.21],http://news.ifeng.com/a/20160301/47639780_0.shtml.

可改变的前提下，通过改变制度内变量达到降低制度赡养率的目的，即在制度覆盖下人口年龄结构和总人口年龄结构一致的假设前提下，可以通过改变退休年龄，从而增加养老保险的缴费人口和降低养老金的领取人口，改变制度赡养率，增加养老保险制度收支平衡的能力。

延迟退休改革的目的有关表述中我们也可以发现，增强养老保险制度收支平衡的能力和制度的可持续性是其改革的重要原因之一。如人力资源与社会保障部部长尹蔚民[①]曾表示过：出台延迟退休的政策是基于应对人口老龄化、养老金收支平衡压力大、劳动力供给总量逐步减少的考虑。最后，强调中国是未富先老，养老保险保持可持续发展非常重要。[②]

从不同学者的研究结论中可以看出，延迟退休政策有利于缓解养老金收支平衡的压力和改善养老保险制度的财务状况。如 Dang[③] 和 Visco[④] 提出人口老龄化背景下养老金的支付危机。R. M. Beetsma[⑤] 建议将部分中国人的退休年龄延长 4—7 年，以应付改善养老金的财务状况。Breyer[⑥] 通过对养老金支付关系的研究发现延

① 延迟退休方案今年出台[EB/OL].凤凰资讯,2016.3.1[引用日期2016.03.21],http://news.ifeng.com/a/20160301/47639780_0.shtml.

② 索寒雪.渐进式延迟退休方案将适时出台最终年龄或锁定65岁[N].中国经营报,2016.12.5(02).

③ Dang, T., Antolin, T. P., Oxley, H.. Fiscal Implication of Ageing: Projections of Age-related Spending. Organization for Economic Cooperation and Development (OECD), 2001,(9).

④ Visco I.. Ageing and Pension System Reform: Implications for Financial Markets and Economic Policies. Report Prepared at the Request of the Deputies of the Group of Ten, 2005.

⑤ Roel M. W. J. Beetsma, A. Lans Bovenberg, Ward E. Romp, Funded pensions and intergenerational and international risk sharing in general equilibrium, Journal of International Money and Finance, Volume 30, Issue 7, November 2011, Pages 1516 - 1534.

⑥ BREYER F, HUPFELDS. On the fairness of early-retirement provisions [J]. German Economic Review, 2010,11(1): 60 - 77.

迟退休年龄是缓解养老金支付压力的一个关键因素。Cremer[①]认为延迟退休能够促进退休人员之间的再分配。

国内相关学者的研究结论都证明了延迟退休会减小基础养老金收支缺口,有利于我国养老金的可持续性。其中包括张熠通过连续时间养老金收支模型分析得出,延迟退休有利于养老保险计划收支余额的增长;[②]骆正清等基于人口因素分析延迟退休对基本养老金收支平衡的影响;[③]林宝研究结论表明延迟退休能有效改变现行制度下将出现资金缺口的情况,实现资金盈余且大幅度降低养老金收支平衡所需的缴费率;[④]袁磊模拟建立养老金收支测算模型显示延迟退休可以推迟养老金缺口来临的时间,并缓解养老金缺口规模;[⑤]殷俊等认为现行的退休年龄政策下,基础养老金将会出现收不抵支的现象,而延迟退休更有利于提高养老金长期偿付能力。[⑥] 持有相似观点的学者还有徐逸君[⑦]、吉祥等[⑧]。

从以上论述可以得出,延迟退休有利于改善养老金财务状况,有利于养老保险制度可持续性发展。但是,延迟退休政策到底能够增加多少养老金收支余额,不同学者的研究有着很大的分歧,特别是在

---

① CREMER H, PESTIEAU P. The double dividend of postponing retirement [J]. *International Tax & Public Finance*, 2003,10(4): 419-434.

② 张熠. 延迟退休年龄与养老保险收支余额:作用机制及政策效应[J]. 财经研究,2011 (7):4—16.

③ 骆正清,陈周燕,陆安. 人口因素对我国基本养老保险基金收支平衡的影响研究[J]. 预测,2010(29):42—46.

④ 林宝. 延迟退休年龄对养老金资金平衡的影响[J]. 财经问题研究,2014(12):41—47.

⑤ 袁磊. 延迟退休能解决养老保险资金缺口问题吗?[J]. 人口与经济,2014(4):82—86.

⑥ 殷俊,黄蓉. 人口老龄化、退休年龄与基础养老金长期偿付能力研究[J]. 理论与改革, 2012(4):73—76.

⑦ 徐逸君. 改变或不:我国退休年龄是否需要变革——由上海市实行"弹性"退休制度引发的思考[J]. 劳动保障世界,2011(4):4—7.

⑧ 吉祥,王裕明,余伶. 延长退休年龄必要性的经济学分析[J]. 劳动保障世界,2009(6): 70—72.

生育政策调整的背景下，人口因素会有很大的变化，故基于新的可能人口年龄结构分析延迟退休对养老金收支平衡的影响是一个全新的视角。

7.1.2 有关延迟退休可能的改革方案

有关延迟退休方案国家相关部门还没有正式公布，但不管具体的方案如何，延迟退休改革都会涉及到三个问题，即退休年龄延迟到多少岁，具体如何延迟和什么时候开始实施。正式表述就是延迟退休方案设计应包括：目标退休年龄的确定、延迟方式的选择（渐进式或者一步式）和实施起始时间。

由于人力资源与社会保障部没有公布正式延迟退休方案，只能通过相关官员只言片语中推测可能的改革措施，其中人力资源和社会保障部部长尹蔚民关于"小步慢走，逐步到位，区分对待，分步实施"和"2016年拿出延迟退休方案，报经中央同意后，2017年正式推出，经过5年过渡期，2020年实施"最具有权威性，可以从中解读出可能的延迟退休方案。

尹蔚民在新闻发布会上举例说，"我国将实行每年延迟3个月的渐进式退休年龄方案，比如五年以后，你是60岁退休，这个政策施行以后，可能你是60岁零3个月退休，这样大家便于接受。"也就是说60岁退休年龄在延迟退休政策实施后可能60岁零3个月退休，过一年后则可能是60岁零6个月退休。延迟退休的目标退休年龄是65岁。如果是延迟到60岁，实际上只是延迟了我国女性劳动者的退休年龄；如果是延迟到65岁，那么女性的退休年龄则整整延迟了10—15年的时间。因此可能的延迟退休政策为每年推迟退休年龄3个月，经过一段相当长的时间再达到延迟退休的65岁目标年龄。

"区分对待，分步实施"是指将区分不同群体的情况分步实施，如延迟退休政策的执行可能按照不同的人群和男、女分性别进行划分，其中50—55岁退休的女职工、女干部有可能是第一批执行延迟退休的人群。

有关延迟退休改革实施的具体时间,可以参考 2016 年人社部养老保险司原副司长张建明关于"延迟退休方案还在报批中,预计明年出台方案,并在下届政府任期推行。延迟退休方案有望 2017 年推出,至少 2020 年后实施"的表述推断出 2020 年后实施延迟退休方案。

基于上文的论述,我们可以得出延迟退休可能的改革方案是选择 2020 年开始实施渐进式延迟退休年龄,即 2020 年后,每年延迟退休年龄 3 个月,经过一段相当长的时间到达 65 岁目标退休年龄。

7.2　相关参数的设定

延迟退休对基础养老金收支平衡影响的研究思路可以简单表述为在第 6 章基础养老金收支平衡精算模型基础上,改变退休年龄参数,得出延迟退休条件下基础养老金收支平衡状况,并进行延退与不延退的对比分析。即在其他参数不变的前提下,特定年份的退休年龄变化会影响到养老保险缴费职工人数和领取退休金人数,结合一定的缴费金额和退休金金额,就可以得出延迟退休后基础养老金年度收支余额和累计收支余额,再对比不实行延迟退休下的收支余额,最终分析延迟退休政策对基础养老金收支平衡的影响。

延迟退休下基础养老保险收支平衡精算分析需要在可能的延退方案下设定相应的参数,根据上文的分析可把延迟退休方案的参数分为:目标退休年龄参数、延迟方式参数和实施起始时间参数。

7.2.1　目标退休年龄参数设定

通过凤凰网关于参与延迟退休政策讨论的人士透露"我们没有讨论过 65 岁之后的事情"的报道,再根据上文男女退休年龄总体上呈现出先同后异再同的趋势和可能的男女相同的退休年龄政策,设定延迟退休方案的男女目标退休年龄都为 65 岁。

7.2.2 延迟方式参数设定

延迟方式可以分为"渐进式"和"一步式"两种，顾名思义，"渐进式"是指每年推迟一点，逐步接近延迟退休的目标年龄；"一步式"是指在延迟退休实施起始时间开始，就把退休年龄设定为延迟退休的目标年龄。从延迟退休方式对养老金收支平衡的影响来看，张琴等研究结果显示，"一步式"延迟退休对缓解养老金基金支付压力作用明显，而"渐进式"延迟退休对缓解养老金支付压力的作用不如前者明显。[①] 再根据上文的"小步慢走，渐进到位"延迟退休改革方案推断延迟方式可能会选择"渐进式"改革方案，但具体的实施细则没有正式公布，因此笔者从对养老金收支平衡影响最大的"一步式"延迟退休角度着手设定相关参数，考察对缓解养老金基金支付压力作用明显的延迟退休方案在生育政策调整背景下能否逆转基础养老金收支失衡的状况。

7.2.3 实施起始时间参数

基于上文"2016 年拿出延迟退休方案，报经中央同意后，2017 年正式推出，经过 5 年过渡期，2020 年实施"的判断，设定延迟退休方案实施起始时间参数为 2020 年。

7.3 延迟退休方案对基础养老金收支精算平衡的影响

7.3.1 延迟退休下的参保职工人数变动

延迟退休下的参保职工人数变动分为两个方面，一为延迟退休政策和生育政策调整两者叠加影响下城镇职工养老保险参保人数变

---

① 张琴,郭艳.延迟退休对养老基金的后续影响：找寻可选方案[J].改革,2015(7)：57—64.

动趋势;另一方面为延迟退休政策下养老保险参保职工减去不延迟退休政策下参保职工的年度差值变动趋势,通过其反映延迟退休对参保职工人数的影响。

从延迟退休下不同方案的参保职工人数变动趋势可以看出(见图 7-1),总体的参保职工人数呈现先上升后下降的波动,基准方案、低方案和中方案参保职工人数的最高点的年份集中在 2032 年和 2033 年,高方案参保职工人数最高点的年份为 2037 年。不同方案下参保职工人数在 2032 年出现差异,高方案下的参保职工人数最多,从 2032 年的 46309.5 万人逐渐上升到 2037 年的 46847.3 万人,然后逐年下降,直到 2090 年的 34151.0 万人;而中方案下参保职工人数居中,从 2033 年的最高点 46161.0 万人逐渐下降到 2090 年的25614.7 万人;低方案和基准方案的参保职工人数变动趋势比较接近,分别从 2032 年最高点的 45982.7 万人和 45911.2 万人逐年下降为 2090 年的 18674.4 万人和 16763.7 万人。

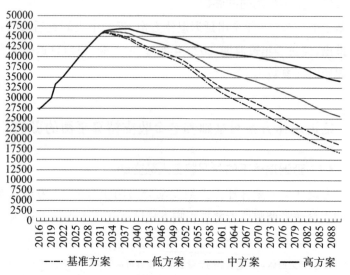

图 7-1 延迟退休下不同方案的参保职工人数变动趋势(万人)

从延迟退休方案实施起始时间点左右的参保职工人数波动可以看出，延迟退休显著地增加了养老保险的参保职工人数，即参保职工人数从 2019 年的 29935.7 万人上升到 2020 年的 33332.9 万人。

从延退下的参保职工人数与不延退下参保职工人数对比可以看出（见图 7-4），延退减去不延退的年度差值总体随着人口年龄结构波动呈现正向的波动变化，即年度差值从 2016 年的 2283.3 万人逐年上升到 2033 年的 5640.7 万人，然后再下降到 2043 年的 4326.8 万人，再上升到 2052 年最高点的 6206.0 万人，接着下降到 2064 年的 3608.9 万人。随着不同方案下出生人口年满 60 岁，其年度差值在 2077 年出现了差异，高方案下年度差值迎来一个峰值，即上升到 2081 年的 5060.3 万人，然后下降到 2090 年的 3479.3 万人；而中方案下 2080 年上升到 4282.7 万人，然后逐渐下降到 2090 年 2955.8 万人；低方案和基准方案直接延续下降趋势，分别降为 2090 年的 2449.8 万人和 2296.3 万人。

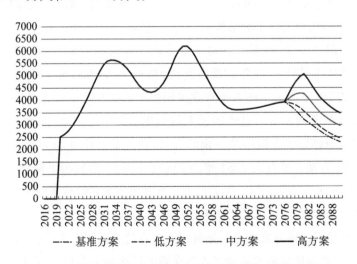

图 7-2 延退与不延退参保职工人数的差值变动趋势（万人）

从延迟退休方案实施起始时间点前,延退与不延退下参保职工人数的差值数据可以看出,2016—2019 年间差值为 0,2020 年差值为 2514.7 万人,随后直线上升,反映出延迟退休政策对增加参保职工人数有正面影响。

通过以上分析可以看出,延迟退休政策可以立即增加城镇职工参保职工人数,而生育政策调整对参保职工人数的影响存在一定的滞后性。在一定的人口结构下,两者叠加的影响有着一定的波动性,但整体上还是有利于参保职工人数的增加。

7.3.2 延迟退休下退休职工人数的变动

延迟退休下的退休职工人数变动分为两个方面,一为延迟退休政策和生育政策调整两者叠加影响下城镇职工养老保险退休职工人数变动趋势;另一方面为延迟退休政策下养老保险退休职工减去不延迟退休政策下退休职工的年度差值变动趋势,通过其反映延迟退休对退休职工人数的影响。

从延迟退休下不同方案的退休职工人数变动趋势可以看出(见图 7-3),随着人口年龄结构的变化,总体的退休职工人数呈现先上升后下降的波动,即不同方案下退休职工人数从 2016 年的 5804.3 万人逐年上升到 2059 年的最高点 25076.6 万人,然后再下降到 2081 年的 21361.4 万人。随着生育政策调整下出生人口年龄达到 65 岁,2082 年后不同方案下退休职工人数出现了差异。2082 年后,高、中方案下退休职工人数迎来一定的上升,高方案上升到 22000 万人以上,而中方案先攀升到 2084 年的 21403.1 万人,然后再下降到 2090 年的 20686.4 万人;2082 年后低方案和基准方案延续着下降的趋势,直到 2090 年的 19426.8 万人和 18924.8 万人。

从延迟退休方案实施起始时间点左右的退休职工人数波动可以看出,延迟退休显著地减少了养老保险的退休职工人数,即退休职工人数从 2019 年的 10612.7 万人下降到 2020 年的 7604.1 万人,延缓

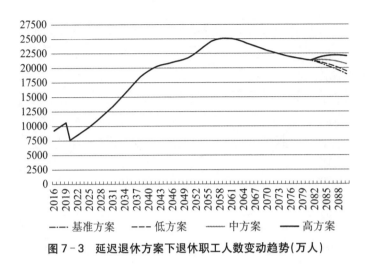

图7‑3 延迟退休方案下退休职工人数变动趋势(万人)

了退休职工人数增长趋势。

延退下的退休职工人数与不延退下退休职工人数对比可以看出(见图7‑4),延退减去不延退的年度差值总体随着人口年龄结构波动呈现负向波动变化,即年度差值从2018年的−3516.3万人逐年下降到2033年的−6267.4万人,然后再上升到2043年的−4807.5万人,再下降到2052年最低点的−6895.5万人,接着逐年上升到2064年的−4009.8万人。随着不同方案下出生人口年满65岁,其年度差值在2077年出现了差异,基准方案和低方案下年度差值迎来一轮上升,直到2090年的最高点−2551.4万人和−2722.0万人;中、高方案下退休职工人数呈现先下降后上升的波动,分别下降到2080年的−4758.6万人和2081年的−5622.6万人,然后再上升到2090年的−3284.3万人和−3865.8万人。

从延迟退休方案实施起始时间点前,延退与不延退下退休职工人数的差值数据可以看出,2016−2019年间差值为0,2020年差值为−3466.5万人,随后曲线上升,反映出延迟退休政策对降低退休职

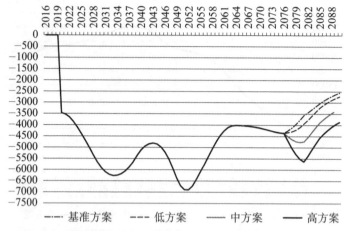

图 7-4　延退与不延退退休职工人数的差值变动趋势(万人)

工人数的正面影响。

　　通过以上分析可以看出,相对于延迟退休政策,预测期内生育政策调整对城镇职工退休职工人数的影响就显得微弱得多,延迟退休政策对减少退休职工人数是能起到立竿见影的效果,而生育政策调整下出生的人口必须等到 60—65 年后才会影响到退休职工人数。在一定的人口结构下,两者叠加的影响有着一定的波动性,但整体上还是有利于退休职工人数的减少。

7.3.3　延迟退休下基础养老金收支变动

　　延迟退休下基础养老金收支变动通过预测期内基础养老金的收入变动趋势、支出变动趋势、基础养老金收支年度净值和累计净值四个指标来反映。其中基础养老金收支年度净值是指延迟退休政策下基础养老金年度收入减去年度支出;基础养老金收支累计净值是指延迟退休政策下基础养老金年度净值的累计加总。

　　从延迟退休下基础养老金收入变动趋势可以看出(见图 7-5),不同生育政策调整方案下基础养老金收入差异较大。随着生育政策调整下人口逐渐加入城镇职工养老保险缴费系统，2032年后不同调整方案下基金收入开始产生差异。高方案下基金收入上升趋势最明显，从2032年的63519.9亿元上升到2090年的299086.6亿元；其次是中方案下基金收入，从2032年的63281.7亿元上升到2090年的224327.0亿元；低方案和基准方案下基金收入变动趋势比较接近，先从2032年的63071.7亿元和62973.6亿元上升到最高点2077年的168063.7亿元和2074年的155719.1亿元，然后再缓慢下降到2090年的163546.2亿元和146812.5亿元。

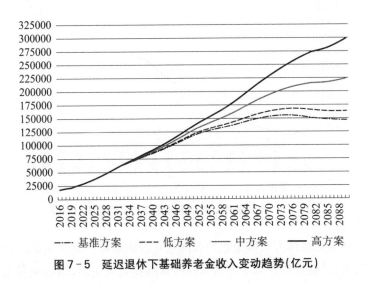

图7-5 延迟退休下基础养老金收入变动趋势（亿元）

从延迟退休方案实施起始时间点左右的基础养老金收入波动可以看出，延迟退休增加了养老保险的基础养老金收入，即基础养老金收入从2019年的21685.7亿元上涨到2020年的24429.0亿元。

从延迟退休下基础养老金支出变动趋势可以看出（见图7-6），基金支出总体呈现逐年上升的趋势，从2016年的17576.9亿元上升到2082年的394577.1亿元。随着生育政策调整下出生人口年龄到达 65 岁,不同方案下基金支出在 2082 年出现了差异,高方案下基金支出上升得最高,从 2082 年的 402591.8 亿元上升到 2090 年的 482630.7 亿元;中方案次之,从 2082 年的 399098.3 亿元上升到 2090 年的 452916.0 亿元;低方案和基准方案下分别从 2082 年的 396015.7 亿元和 394577.1 亿元上升到 2090 年的 425337.1 亿元和 414347.1 亿元。

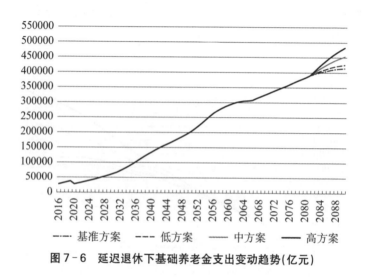

图 7-6　延迟退休下基础养老金支出变动趋势(亿元)

　　从延迟退休方案实施起始时间点左右的基础养老金支出波动可以看出,延迟退休降低了养老保险的基础养老金支出,即基础养老金支出从 2019 年的 37733.3 亿元降为 2020 年的 28045.6 亿元。

　　从延迟退休下基础养老金年度净值变动趋势可以看出(见图 7-7),其总体呈现波动下降,与不延退下基础养老金年度收支净值不一样的是延退政策下 2016 年与 2017 年基础养老金收支净值分别为 1920.4 亿元和 999.0 亿元,但随着人口的年龄结构进一步老化,基础养老金年度收支开始失衡,从 2018 年的 -297.4 亿元逐渐下降到 2031 年的 -7517.0 亿元。随着生育政策调整下出生人口进入养老保险缴费系统,不同方案下基础养老金年度净值开始出现分化,其中高方案下年度净值最高,从 2032 年的－9779.9 亿元波动下降到 2090 年的－183544.1 亿元;其次是中方案,从 2032 年的－10018.0 亿元波动下降到 2090 年的－228589.0 亿元;低方案和基准方案下分别从 2032 年的－10228.1 亿元和－10326.2 亿元波动下降到 2090 年的－261790.9 亿元和－267534.6 亿元。

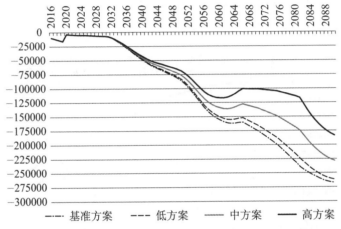

图 7－7　延迟退休下基础养老金年度净值变动趋势(亿元)

　　从延迟退休方案实施起始时间点左右的基础养老金年度净值波动可以看出,延迟退休显著增加了养老保险的基础养老金年度净值,即基础养老金年度净值从 2019 年的－16047.7 亿元增加到 2020 年的－3616.6 亿元,缓解了基础养老金年度收支失衡的趋势。

　　从延迟退休下基础养老金累计净值变动趋势可以看出(见图 7－8),其总体呈现抛物线式的下降,与不延退下基础养老金收支累计净值不一样的是延退政策下 2017 年、2018 年和 2019 年基础养老金收支累计净值分别为 2919.4 亿元、2622.0 亿元和 730.3 亿元,但随着人口的年龄结构进一步老化,基础养老金累计收支开始失衡,从

2020 年的－2886. 2 亿元逐渐下降到 2031 年的－65883. 0 亿元。随着生育政策调整下出生人口进入养老保险缴费系统,不同方案下基础养老金累计净值开始出现分化,其中高方案下累计净值最高,从 2032 年的－75662. 9 亿元逐年下降到 2090 年的－5564930. 5 亿元;其次是中方案,从 2032 年的－75901. 0 亿元逐年下降到 2090 年的－6976134. 4亿元;低方案和基准方案下分别从 2032 年的－76111. 1 亿元和－76209. 2 亿元逐年下降到 2090 年的－8193481. 1 亿元和－8550853. 6亿元。

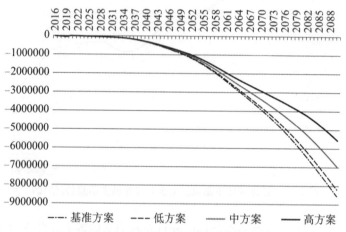

图 7－8 延迟退休下基础养老金累计净值变动趋势(亿元)

从延迟退休方案实施起始时间点左右的基础养老金累计净值波动可以看出,2020 年的累计净值为预测期内的最高点,－2886. 2 亿元,但也是暂时缓解了基础养老金累计净值下降的趋势。

7.3.4 延退与不延退下基础养老金净值差异对比

为了更好地反映延迟退休政策对基础养老金的收支平衡的影响,下面通过延迟退休下基础养老金的收支年度净值和累计净值分别减去不延迟退休下基础养老金的年度净值和累计净值得到的年度差值和累计差值变化趋势来对比延退和不延退的政策影响。延退下基础养老金年度净值减去不延退下年度净值得到的年度差值反映的是延迟退休政策对基础养老金年度收支平衡的改善能力，相对应的累计差值反映的是延迟退休政策对预测期内基础养老金总的财务状况的改善能力。

通过延迟退休下基础养老金收支年度净值减去不延迟退休下基础养老金收支年度净值的年度差值的变动趋势可以看出（见图7-9），其年度差值总体上呈现正向波动上升，即从2016年的11911.9亿元波动上升到2053年的阶段高点87708.2亿元，然后再下降到2062年的66335.7亿元，最后再上升到2076年的差异点97946.6亿元。随着生育政策调整下出生人口进入60岁的年龄，进而影响到年度差异值的变化，2077年后不同方案下年度差值出现了不同的变动趋势。高方案下年度差异值呈现直线上升而后又下降的变动，即从2077年的107727.8亿元急剧上升到2081年的140090.3

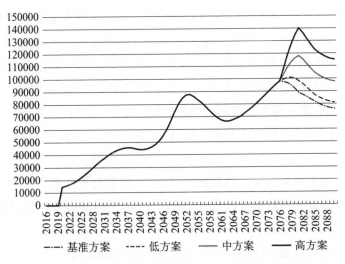

图7-9　延退与不延退的基础养老金净值年度差值变动趋势(亿元)

亿元,然后再下降到 2090 年的 115110.8 亿元;中方案下年度差值变动趋势与高方案下比较类似,也从 2077 年的 103319.8 亿元上升到 2081 年的 117950.0 亿元,然后再下降到 2090 年的 97793.1 亿元;低方案下年度差值先从 2077 年的 99430.4 亿元微幅上升到 2079 年的 100889.8 亿元,然后再缓慢下降到 2090 年的 81052.7 亿元;基准方案下年度差值直接从 2076 年的 97946.6 亿元的阶段高点下降到 2090 年的 75972.3 亿元。

从延迟退休方案实施起始时间点前,延退与不延退下基础养老金净值年度差值数据可以看出,2016—2019 年间差值为 0,2020 年差值为 14628.1 亿元,随后曲线上升,反映出延迟退休政策对基础养老金收支平衡的正面影响。

通过延迟退休下基础养老金收支累计净值减去不延迟退休下基础养老金收支累计净值的累计差值的变动趋势可以看出(见图 7-10),其累计差值总体上呈现正向曲线上升,即从 2016 年的 0 元直接上升到 2076 年的 3377845.9 亿元。随着生育政策调整下出生人口进入 60 岁的年龄,进而影响到 2077 年后不同方案下累计差值出现了不同的变动趋势。高方案下累计差值上升的幅度最大,从 2077 年的 3485573.7 亿元上升到 2090 年的 5111166.7 亿元;其次是中方案,从 2077 年的 3481165.7 亿元上升到 2090 年的 4876379.7 亿元;低方案和基准方案比较接近,分别从 2077 年的 3477276.3 亿元和 3475461.2 亿元上升到 2090 年的 4656305.5 亿元和 4573784.9 亿元。

从延迟退休方案实施起始时间点前,延退与不延退下基础养老金净值累计差值数据可以看出,2016—2019 年间差值为 0,随后累计差值直线上升。

从基础养老金净值的年度差值和累计差值正向变动来看,延迟退休可以在一定程度上改善了基础养老金的财务状况,但依然逆转

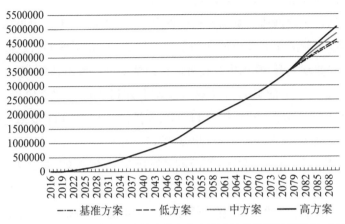

图 7‑10　延退与不延退的基础养老金净值累计差值变动趋势（亿元）

不了预测期内基础养老金收支失衡的趋势。而生育政策调整对延迟退休政策下基础养老金收支平衡的影响就显得不那么明显，究其原因主要是生育政策调整下出生的人口分别在 2032 年和 2077 年后才会对延迟退休政策下基础养老金收入和支出产生影响，因此可以得出，预测期内生育政策调整相对于延迟退休政策，其影响效应较弱。

7.4　小结

本章在已有的基础养老金收支平衡精算模型的基础上，叠加生育政策调整和延迟退休两大因素，分析了预测期内基础养老金收支平衡状况，并对比了延迟退休和不延迟退休下养老金收支余额的变动，得出延迟退休政策对基础养老金收支平衡的定量分析结果。具体的研究结论大致分以下三个方面：

从延迟退休政策对养老保险参保人数的影响来看，可以得出相对于生育政策调整的滞后性，延迟退休可以立即增加城镇职工养老保险的参保职工人数,减少退休职工人数。

通过延迟退休下基础养老金收支年度余额减去不延迟退休下收支年度余额的年度差值的变动趋势可以看出,其年度差值总体上呈现正向波动上升,叠加生育政策调整的结果可以看出,高方案下年度差值从 2077 年的 107727.8 亿元急剧上升到 2081 年的 140090.3 亿元,然后再下降到 2090 年的 115110.8 亿元;中方案下年度差值变动趋势与高方案下比较类似,也从 2077 年的 103319.8 亿元上升到 2081 年的 117950.0 亿元,然后再下降到 2090 年的 97793.1 亿元;低方案下年度差值先从 2077 年的 99430.4 亿元微幅上升到 2079 年的 100889.8 亿元,然后再缓慢下降到 2090 年的 81052.7 亿元;基准方案下年度差值直接从 2076 年的 97946.6 亿元的阶段高点下降到 2090 年的 75972.3 亿元。

通过延迟退休下基础养老金收支累计余额减去不延迟退休下累计余额的累计差值的变动趋势可以看出,其累计差值总体上呈现正向曲线上升。叠加生育政策调整,高方案下 2090 年累计差值达到 5111166.7 亿元;中方案下 2090 年累计差值达到 4876379.7 亿元;低方案和基准方案下 2090 年累计差值分别达到 4656305.5 亿元和 4573784.9 亿元。

结合延迟退休下基础养老金收支余额的变动趋势可以得出,延迟退休在一定程度上改善了基础养老金的财务状况,但依然逆转不了预测期内基础养老金收支失衡趋势。而本章采用的延迟退休方案是对基础养老金收支平衡影响最大的"一步式"改革方案,可以想到"渐进式"改革方案对改善养老金财务状况的能力会更小,因此,可以得出不论何种方案的延迟退休改革和生育政策调整都不能改变预测期内基础养老金收支失衡的结论。

适度生育水平与完善生育政策调整

　　党的十八届中央委员会第三次全体会议通过的《中共中央关于全面深化改革若干重大问题的决定》提出坚持计划生育的基本国策……逐步调整完善生育政策，促进人口长期均衡发展。[①]《国务院关于印发国家人口发展规划（2016—2030 年）的通知》（国发〔2016〕87 号）提出"适度生育水平是维持人口良性再生产的重要前提。……引导生育水平提升并稳定在适度区间，保持和发挥人口总量势能优势，促进人口自身均衡发展；到 2020 年，全面两孩政策效应充分发挥，生育水平适度提高，人口素质不断改善，结构逐步优化，分布更加合理；到 2030 年，人口自身均衡发展的态势基本形成，人口与经济社会、资源环境的协调程度进一步提高"[②]。

　　从以上表述可以看出，生育政策调整的目标是实现适度生育

①　新华社. 授权发布：中共中央关于全面深化改革若干重大问题的决定[EB/OL]. 新华网，2013. 11. 15[引用日期 2016. 03. 12]，http://news. xinhuanet. com/politics/2013-11/15/c_118164235. htm.

②　国务院. 国务院关于印发国家人口发展规划（2016—2030 年）的通知（国发〔2016〕87）[EB/OL]. 中国政府网，2016. 12. 30[引用日期 2016. 03. 12]，http://www. gov. cn/zhengce/content/2017-01/25/content_5163309. htm.

水平,促进人口长期均衡发展。其中,人口长期均衡发展是指人口数量、结构、素质和分布之间趋向动态平衡,且人口与经济社会发展水平相协调、与资源环境承载能力相适应的一种均衡状态。[①] 因而可以把人口长期均衡发展理解为人口内部问题的改善和人口外部环境的适应。人口内部问题的改善是指总和生育率逐步提升并稳定在适度水平;出生人口性别比趋于正常,年龄结构持续改善,劳动力资源保持有效供给;人口健康水平和人均预期寿命持续提高,人口素质不断提升;人口流动合理有序,人口城镇化率稳步提升;完善家庭发展支持体系。人口外部环境的适应是指注重人口总量、结构与经济发展相互动,与社会发展相协调,与资源环境相适应。

从《国务院关于印发国家人口发展规划(2016—2030年)的通知》中的"实现适度生育水平压力较大,我国生育率已较长时期处于更替水平以下……从长期看生育水平存在走低的风险"[②]的表述可以看出,中国现行的生育水平是低于适度生育水平的,因而国家相继实施了单独二孩和全面两孩的生育政策,是希望通过生育政策的调整,提高生育水平,促进人口长期均衡发展。那么单独二孩和全面两孩生育政策调整是否实现了适度生育水平,能否促进人口长期均衡发展,以下将从是否实现了适度生育水平的角度对生育政策调整进行评估,试图通过国家计划生育外部控制与家庭生育意愿内部约束之间互动规律的把握和本章的研究结论来回答相关疑问,并为下一步生育政策的完善提供相应参考。

---

① 原新. 我国生育政策演进与人口均衡发展——从独生子女政策到全面二孩政策的思考 [J]. 人口学刊,2016(5):5—14.

② 国务院. 国务院关于印发国家人口发展规划(2016—2030年)的通知(国发〔2016〕87) [EB/OL]. 中国政府网,2016. 12. 30〔引用日期 2016. 03. 12〕,http://www. gov. cn/zhengce/content/2017-01/25/content_5163309. htm.

8.1 生育政策调整的研究结论

在生育政策调整的背景下,利用年龄—孩次递进模型高、中、低三方案测算生育政策调整下生育水平,然后通过二孩生育时间分布模式与释放进度和参照不同学者的研究结论,在联合国人口司公布中国总和生育率变动模式的基础上设定假定生育政策不调整和生育政策调整下可能的低、中、高三方案总和生育率参数,并采用联合国人口司关于中国 2015 年分性别 1 岁年龄组人口数据作为起始年份人口,在一定的参数假定下,利用队列分要素法预测未来我国人口年龄结构的变动趋势,并在城镇化率、就业率、参保率等参数基础上测算出城镇职工养老保险制度覆盖下人口变动趋势。得出的主要结论如下:

8.1.1 生育政策调整下生育响应低于更替水平

从分析结果可以看出,“全面两孩”政策调整后五年内累计新增二孩出生人口在 900 万以内。出生人口堆积高峰下年度新增二孩出生人口不大可能达到或超过 300 万人,五年内累计新增二孩出生人口不大可能达到或超过 1200 万人。2016 年至 2020 年间每年最可能新增二孩出生人口在 100 万—190 万左右。即便是生育政策调整下生育水平的上限,总和生育率也不可能超过 2.1。2016—2020 年间的生育水平在 1.72—1.84 间的可能性比较大。

8.1.2 生育政策调整有效缓解人口老龄化

在对比不同生育政策下出生人口规模、劳动年龄人口规模、老年人口规模、60＋抚养比和 65＋抚养比分析结果发现,生育政策调整不但不能降低未来的老年人口规模,反而会增加 60 年后老年人口的规模。但从人口年龄结构变动趋势可以看出,与维持原有生育政策不变下的老龄化进程相比,生育政策调整大大降低了未来老年人口的抚养比,即对比维持生育政策不变与生育政策调整中方案下的 60＋和 65＋抚养比预测结果可以看出,2100 年抚养比分别下降 0.45 和 0.32,因此生育政策调整是有助于缓解人口老龄化进程的。

虽然生育政策调整能够在一定程度上放缓老龄化进程,但仔细分析生育政策调整对人口老龄化进程影响的原因可以得出,生育政策调整是通过增加未来人口出生数量,进而增加未来劳动年龄人口数量来缓解人口年龄结构老化的速度,减轻老年人口抚养比。但如果引入少儿抚养比,即从总抚养比的角度来看,社会抚养少儿和赡养老人的压力依然很大。正如翟振武等[1]指出,随着经济社会的发展,中国总和生育率将稳定在一个相对较低的水平上,结合不同的预测方案可以看出生育政策调整下的生育水平很难回到总和生育率为 2.1 的时代,整个人口年龄结构不可能再年轻,庞大的老年人口规模、快速的老年人口高龄化趋势以及不断加深的老龄化程度都将是中国必然要面对的未来。

8.1.3 生育政策调整下城镇职工养老保险参加人数变动趋势

不同调整方案下的城镇养老保险参保职工人数在 2032 年出现差异,高方案下参保职工人数逐渐上升到 2038 年的 4.18 亿人,然后波浪下降,直到 2090 年的 3.07 亿人;中方案下参保职工人数逐渐上升到 2038 年的 4.06 亿人,然后下降,直到 2090 年的 2.27 亿人;低方案下参保职工人数逐渐上升到 2037 年的 3.97 亿人,然后下降到 2090 年的 1.62 亿人;政策不调整下参保职工人数下降的速度最快,由 2032 年最高点 4.03 亿人下降到 2090 年的 1.45 亿人。

不同调整方案下的城镇养老保险退休职工人数 2077 年才会出现差异,2078—2090 年高方案下退休职工人数维持在 2.5 亿—2.75

---

① 翟振武,李龙,陈佳鞠.全面两孩政策对未来中国人口的影响[J].东岳论丛,2016(2):84—86.

亿间,中方案下降到 2.5 亿人以下,低方案和政策不调整下退休职工
人数则下降到 2.25 亿人以下。

8.2 计划生育政策调整的评估

计划生育政策调整评估的思路为通过生育水平变化是否符合预
期来评估政策的调整效果,其中预期是指生育政策调整能够提高生
育率,实现适度生育水平。这里隐含一个前提假设,即计划生育政策
对生育水平的外部控制大于家庭生育意愿的内部约束,生育政策调
整即放松对生育水平的外部控制,有利于生育水平的上升。因此政
策调整下生育水平是否符合预期是指放松生育政策外部控制的前提
下,生育水平能否如预期上升,达到适度生育水平。也可以通过评估
来判断生育水平的控制力度,即如果生育水平不符合预期或者政策
缺乏响应,那么现行生育政策应该进一步放松控制。

生育政策可分为"单独二孩"和"全面两孩"两次调整,政策调整
下生育水平是否符合预期可以通过实际生育水平与预测结果对比;
实际生育水平与适度生育水平对比;意愿生育水平与适度生育水平
对比三个方面来衡量。如果前者低于后者,那么就可以得出生育政
策调整"遇冷"的结论,即计划生育的外部控制小于家庭生育意愿内
部约束,生育政策调整对生育水平影响不显著,政策可以进一步放
开;如果前者等于或高于后者,那么可以得出生育政策调整"符合预
期"的结论,即计划生育的外部控制大于家庭生育意愿内部约束,生
育政策对生育水平影响显著,则应该维持现行的生育政策不变。

8.2.1 单独二孩生育政策调整的评估

2013 年 11 月 15 日,"单独二孩"政策启动,学界的研究成果和官
方公布的数据都集中在 2014 年,下面就单独二孩生育政策调整下实际
生育水平与预测结果对比、与适度生育水平(更替水平)对比和意愿生

育水平变动三方面来评估单独二孩生育政策调整是否符合预期。

有的学者认为单独二孩政策遇冷，有的学者认为政策调整结果符合预期。如乔晓春研究显示 2014 年各地单独二孩政策落地后一年时间内，几乎全国绝大多数媒体和学者都承认单独二孩政策"遇冷"，官方此前的判断有误，进而判断单独二孩政策本身就是一个错误，应该在更早的时间里执行全面两孩政策。而翟振武等[①]根据"2014 年底全国有 106.9 万对单独夫妇申请再生育"和国家统计局公布"2014 年我国出生人口为 1687 万，比 2013 年多出生 47 万"判断单独二孩政策基本符合预期。

表 8-1 单独二孩生育政策调整的评估

单独二孩政策评估	评估标准	研究结论
政策遇冷	政策实施前预测	国家卫计委公布的数据显示：截至 2014 年 12 月，全国有近 100 万对单独夫妇提出二孩申请，92 万对获批，与政策执行前估计年增加 200 万新生儿的判断相差甚远。[②]
	2015 年实际生育数量	2015 年我国出生人口总数为 1655 万人，比 2014 年减少 32 万人。单独二孩政策下出生人口不升反降说明了政策"遇冷"的事实。[③]
	更替水平	生育政策调整下未来的人口趋势不可能逆转。总和生育率继续保持在更替水平以下，低生育水平维持稳定。[④]
	意愿生育水平	从上海市和湖北省 2014 年二孩申请和生育状况得出符合条件的单独家庭对生育政策调整有一定的响应，但并未引起生育反弹，揭示了目前人们生育意愿普遍较低的现实。[⑤]

① 翟振武，陈佳鞠，李龙. 中国出生人口的新变化与趋势[J]. 人口研究，2015(2)：48—56.
② 乔晓春. 实施"普遍二孩"政策后生育水平会达到多高？——兼与翟振武教授商榷[J]. 人口与发展，2015(1)：2.
③ 孙友然，温勇，焦永纪. "全面两孩"政策对我国计划生育政策体系的影响研究[J]. 中州学刊，2016(11)：62—66.
④ 翟振武. 人口新常态与人口政策[J]. 攀登，2015(6)：1—9.
⑤ 郑真真. 生育政策调整后的人口探讨与反思[J]. 产经论坛，2016(3)：72—73.

单独二孩政策评估	评估标准	研究结论
符合预期	2014 年实际生育数量	根据"2014 年底全国有 106.9 万对单独夫妇申请再生育"和国家统计局公布"2014 年出生人口比 2013 年多出生 47 万人"判断单独二孩政策基本符合预期。[①]

从不同学者的研究结论和官方公布的单独二孩政策下实际生育水平数据可以看出,大部分研究结论都认为单独二孩政策调整是"遇冷"的,其中关于"符合预期"的研究结论中"2014 年我国出生人口为 1687 万,比 2013 年多出生 47 万"不足以成为判断政策符合预期的依据,是典型的"统计误导",因为新增的 47 万人不一定是直接由单独二孩政策导致的新出生人口。[②] 再从 2015 年 10 月 29 日党的十八届五中全会提出全面两孩政策调整,也可以判断单独二孩政策下的生育水平是不符合预期的。

8.2.2　全面两孩生育政策调整的评估

2015 年 10 月 29 日,党的十八届五中全会明确提出"坚持计划生育的基本国策,完善人口发展战略,全面实施一对夫妇可生育两个孩子的政策,积极开展应对人口老龄化行动",即"全面两孩"政策。现行的研究成果大致从四个方面评估了全面两孩生育政策调整下的生育水平是否符合预期:一是通过特定的预测模型在初始数据基础上推算预测期内生育水平,对比一定的标准判断调整后的生育水平是否符合预期;二是通过社会学随机抽样调查获得政策调整下意愿生育水平,基于生育意愿与生育行为之间的关系推算出政策调整下可能的生育水平,再对比一定的标准,判断政策调整下的生育水平是否符合预期;三是基于 2016 年实际生育水平数据,对比一定的标准,判断政策

---

① 翟振武,陈佳鞠,李龙.中国出生人口的新变化与趋势[J].人口研究,2015(2):48—56.
② 乔晓春.从"单独二孩"政策执行效果看未来生育政策的选择[J].中国人口科学,2015(2):29.

调整下的生育水平是否符合预期;四是基于人口转变(Demographic Transition)理论和中国历年生育水平得出是否陷入"低生育陷阱"①的结论,再对比一定的标准,判断政策调整下的生育水平是否符合预期。其中,判断标准又可以分为对比政策调整前的预测结果、对比适度生育水平(更替水平)和政策调整下意愿生育水平的变动。

有的学者认为全面两孩政策遇冷,而官方认为政策调整结果符合预期。如郭志刚②认为全面两孩政策的实际生育结果肯定会显著低于两个孩子,即总和生育率必定是低于更替生育水平。因此全面两孩政策不能改变中国人口负增长的发展趋势。而 2017 年 3 月 11 日,国家卫计委副主任王培安③在十二届全国人大五次会议新闻中心答中外记者时指出,全面两孩政策实施一年多来的政策效果可以概括为:成效初显和完全符合预判。

表 8-2　全面两孩生育政策调整的评估

单独二孩政策评估	评估标准	研究结论
政策遇冷	更替水平	全面两孩政策调整不能改变我国总和生育率长期低于更替水平的发展趋势。④
		全面两孩政策调整下的总和生育率预计最高将会达到更替水平,生育累积势能释放后,会降至大约 1.8 的水平。随着经济社会的发展,生育水平将会在此基础上进一步的下降,大约维持在 1.70—1.75 之间。⑤

① 低生育陷阱是指低生育水平具有自我强化机制,当生育水平降低到临界值 1.5 以下后,就如同跌入陷阱,会向更低的水平发展且难以回升。

② 郭志刚. 清醒认识中国低生育率风险[J]. 国际经济评论,2015(2):101—110.

③ 王培安. 卫计委副主任:中国不缺人口数量,未来一百年都不缺[EB/OL]. (2017-03-11)[2017-03-20]. http://news. ifeng. com/a/20170311/50770759_0. Shtml.

④ 刘家强,唐代盛."普遍两孩"生育政策的调整依据、政策效应和实施策略[J]. 人口研究,2015(6):3—12.

⑤ 翟振武,李龙,陈佳鞠. 全面两孩政策对未来中国人口的影响[J]. 东岳论丛,2016(2):84—86.

续 表

单独二孩政策评估	评估标准	研究结论
	意愿生育水平	人们的生育意愿和生育行为已经发生了方向性的变化,愿意生育"三孩"的家庭占比极低,生育"二孩"的比例也不高,全面两孩政策有可能"遇冷"。①
		2010 年、2011 年中国社会状况综合调查和 2012 年、2013 年中国家庭幸福感热点问题调查数据显示不管生育政策是否调整,中国人口转变模式都不会发生大的改变,全面两孩政策对中国生育水平的提升作用有限。②
	低生育率陷阱	中国低生育率机制已经形成且陷入"低生育率陷阱"。全面两孩政策调整不会逆转中国低生育率的趋势。③
	2016 生育数量	国家统计局数据显示,全面两孩政策下,2016 年出生人口 1786 万人,比 2015 年增加 131 万人。有学者认为新增人口只是生育堆积释放的结果,增长势头不会持续。④
符合预期	2016 生育数量	2016 年全国住院分娩的婴儿活产数符合预测的"十三五"时期全面两孩政策下年出生人口的预测。⑤

从以上不同学者的研究结论和相关数据可以看出,判断全面两孩政策是否符合预期取决于选择的判断标准。从更替水平和意愿生育水平标准来看,全面两孩政策是"遇冷"的,对中国生育水平的提升作用有限,不能改变我国总和生育率长期低于更替水平和继续走低

---

① 乔晓春. 从"单独二孩"政策执行效果看未来生育政策的选择[J]. 中国人口科学,2015(2):29.

② 王军,王广州. 中国低生育水平下的生育意愿与生育行为差异研究[J]. 人口学刊,2016(2):5—16.

③ 陈友华. 全面二孩政策与中国人口趋势[J]. 学海,2016(1):62—66.

④ 游润恬. 中国"二孩"家庭有望少缴税[EB/OL]. 联合早报,2017. 03. 8[引用日期 2017. 03. 20],http://www. zaobao. com/news/china/story20170308-733186.

⑤ 王培安. 卫计委副主任:中国不缺人口数量,未来一百年都不缺[EB/OL]. 凤凰网,2017. 03. 11[引用日期 2017. 03. 27],http://news. ifeng. com/a/20170311/50770759_0. shtml.

的发展趋势。有学者通过人口转变理论判断中国已经陷入"低生育陷阱",全面两孩生育政策调整短时间内会增加出生人数,增加未来劳动力供给,缓解少子化与老龄化,但中国低生育率的趋势不会因为生育政策调整而逆转。[①] 有学者从 2016 年实际生育数量来判断全面两孩政策调整未获得积极反应,2016 年新增人口只是多年生育堆积势能释放的结果,增长势头未必能够持续保持。[②] 从政策调整前的预测结果来看,全面两孩政策是"符合预期"的,如国家卫计委统计的 2016 年全国住院分娩的婴儿活产数 1846 万,符合"十三五"时期每年出生的人口在 1700 万—1900 万之间的预测。[③]

8.3 完善生育政策的相关争论

本章主要从适度生育水平来评估生育政策进一步完善的可能性,现学界关于生育政策的完善的观点主要有两种,即全面放开生育政策和维持全面两孩政策不变,其中主要的分歧围绕着中国人口发展会不会陷入"低生育陷阱",生育政策的调整是否有利于人口相关问题的改善,是否有利于与外部环境相适应等问题。

(一)维持现行生育政策的研究结论

有学者基于国外人口发展规律、中国以往生育政策评估和未来生育水平,认为应维持全面两孩政策不变。因为中国生育水平发展趋势不太可能如部分欧洲国家和日本、韩国、新加坡一样,降到很低

---

① 陈友华. 全面二孩政策与中国人口趋势[J]. 学海,2016(1):62—66.

② 游润恬. 中国"二孩"家庭有望少缴税[EB/OL]. 联合早报,2017. 03. 8[引用日期 2017. 03. 20],http://www. zaobao. com/news/china/story20170308-733186.

③ 王培安. 卫计委副主任:中国不缺人口数量,未来一百年都不缺[EB/OL]. 凤凰网,2017. 03. 11[引用日期 2017. 03. 27],http://news. ifeng. com/a/20170311/50770759_0. shtml.

或极低的水平①,短期内中国陷入"低生育陷阱"的可能性并不大;从最早的"一孩化"到"双独二孩""单独二孩"再到"全面两孩",一系列生育政策的调整和完善是符合国情、社情变化的结果,不要轻易否定计划生育政策的科学性和正确性。② 有的学者从与外部环境相适应的角度,得出应该维持现行生育政策不变的结论,因为计划生育政策减轻了总的人口负担,为社会经济发展提供最佳人力资源和条件,为人口可持续发展创造了良好的环境③;中国未来不缺人口总量和劳动力数量等。④

（二）全面放开生育政策的研究结论

有学者根据国外人口发展规律判断中国极可能会陷入"低生育率陷阱"、未来的生育水平应该达到或高于更替水平、计划生育政策会导致一系列人口问题,生育政策应该进一步调整,即全面放开计划生育控制。

基于人口转变理论,如果不能及时调整和完善生育政策,中国可能落入"低生育率陷阱",持有该观点的学者有乔晓春、陈友华、沈可等。如从韩国的经验以及中国生育政策调整下的生育响应情况,可以考虑立即取消目前的人口控制政策⑤,如果不能及时调整和完善生育政策,中国可能会重蹈日本和韩国的覆辙,最终落入"低生育率陷阱"⑥;

---

① 陈佳鞠,翟振武. 20 世纪以来国际生育水平变迁历程及影响机制分析[J]. 中国人口科学,2016(2)：13—25.

② 刘家强,唐代盛."普遍两孩"生育政策的调整依据、政策效应和实施策略[J]. 人口研究,2015(6)：3—12.

③ 王金营. 中国计划生育政策的人口效果评估[J]. 中国人口科学,2006(5)：23—32.

④ 王培安. 卫计委副主任：中国不缺人口数量,未来一百年都不缺[EB/OL]. 凤凰网,2017. 03. 11[引用日期 2017. 03. 27],http://news. ifeng. com/a/20170311/50770759_0. shtml.

⑤ 乔晓春. 从韩国取消生育政策看中国加快生育政策调整的必要性[J]. 东南大学学报(哲学社会科学版),2015(4)：21—27.

⑥ 乔晓春. 从"单独二孩"政策执行效果看未来生育政策的选择[J]. 中国人口科学,2015 (2)：29.

新加坡生育率降至 1.62 时提出鼓励生育政策,日本生育率为 1.54 时大幅提高育儿津贴,韩国生育率为 1.58 时废止计划生育政策。中国生育率早已低至 1.5 左右,建议立即全面放开计划生育政策。[1] 从未来的生育水平应该达到或高于更替水平得出应该全面放开计划生育政策的学者有王军、郭志刚、王金营等,如全面两孩政策不能改变中国人口负增长的发展趋势;以后的生育政策调整不仅是全面放开,可能还需要各种生育激励措施才能使得实际生育水平提高到更替水平;[2]建议进一步放开生育政策控制,甚至需要采取适度激励措施使得未来的生育水平提高到更替水平附近,才能够促进人口规模和结构长期均衡发展。[3] 从计划生育政策导致的人口问题角度反对计划生育政策的学者有乔晓春[4],其认为中国"一孩"的计划生育政策带来的积极效果并不显著和突出,不能清晰地证明其对中国的经济社会发展起了多大的作用。相反,该政策所带来的消极效果却十分明显,如导致中国低生育水平;偏高的出生性别比;快速老化的人口年龄结构;"失独"家庭问题等,因此,可以说计划生育政策就是一项决策的失误。

表 8-3　全面放开生育政策的研究结论

生育政策 进一步调整	判断标准	研究结论
全面放开	人口转变理论	基于韩国的经验以及中国目前执行单独二孩政策所表现出的现实,中国的生育政策应该尽快过渡到全面二孩,甚至可以考虑立即取消目前的人口控制政策[5],如果不能及

[1] 陈友华.关于生育政策调整的若干问题[J].人口与发展,2008(1):24—35.
[2] 郭志刚.清醒认识中国低生育率风险[J].国际经济评论,2015(2):101—110.
[3] 王金营,戈艳霞.全面二孩政策实施下的中国人口发展态势[J].人口研究,2016(6):3—21.
[4] 乔晓春.一孩政策后果的历史审视[J].学海,2016(1):52—61.
[5] 乔晓春.从韩国取消生育政策看中国加快生育政策调整的必要性[J].东南大学学报(哲学社会科学版),2015(4):21—27.

续　表

生育政策进一步调整	判断标准	研究结论
		时调整和完善生育政策,中国可能会重蹈日本和韩国的覆辙,最终落入"低生育率陷阱"①。
		新加坡 1984 年生育率降至 1.62 时提出鼓励生育政策,日本 1990 年生育率为 1.54 时大幅提高育儿津贴,韩国 1996 年生育率为 1.58 时废止计划生育政策。中国生育率早已低至 1.5 左右,建议立即全面放开计划生育政策。②
		世界人口的转变引发越来越多国家出台鼓励生育政策,并不断加强政策力度,但效果却差强人意。同样处于很低生育率水平的中国却仍在维持当前的低生育水平,这会对社会与家庭造成难以弥补的负面影响。中国人口政策的调整已迫在眉睫。③
		世界上没有一个国家如中国一样推行如此严厉的生育控制政策,没有一个国家在生育率降至更替水平以下仍继续推行生育控制政策,没有一个国家的政府要求对持续十多年、甚至数十年的持续超低生育率地区仍推行生育控制政策。④
		只要一个国家或地区人口的总和生育率低于更替水平,其人口结构就存在一定问题,长期下去将会出现人口老龄化并引发一系列社会和经济问题。因此,无论实际生育率是 1.50 还是 1.80,都改变不了中国已经处于低生育水平的事实。⑤

---

① 乔晓春.从"单独二孩"政策执行效果看未来生育政策的选择[J].中国人口科学,2015 (2):29.

② 陈友华.关于生育政策调整的若干问题[J].人口与发展,2008(1):24—35.

③ 沈可,王丰,蔡泳.国际人口政策转向对中国的启示[J].国际经济评论,2012(1):112—122.

④ 陈友华.关于生育政策调整的若干问题[J].人口与发展,2008(1):24—35.

⑤ 王军.全面二孩实施后人口研究转向[N],中国社会科学报,2016 - 11 - 23(6).

生育政策进一步调整	判断标准	研究结论
	有利于人口问题改善	中国"一孩"的计划生育政策带来的积极效果并不显著和突出,不能清晰地证明其对中国的经济社会发展起了多大的作用。相反,该政策所带来的消极效果却十分明显,如过度控制导致总和生育率低于或等于2.1的生育水平;偏高的出生性别比;快速老化的人口年龄结构;"失独"家庭问题等,因此,可以说计划生育政策就是一项决策的失误。[①]

8.4　适度生育水平的判断标准

　　人口长期均衡发展是我国未来重大的国家战略,按照《国务院关于印发国家人口发展规划(2016—2030 年)的通知》我们可以把人口长期均衡发展理解为实现人口自身均衡发展与经济社会、资源环境协调发展。下文试图通过这两点结合不同学者的研究结论得出人口长期均衡发展下适度生育水平的判断标准。

　　有学者从人口内部问题的改善的角度认为人口长期均衡发展下适度生育水平应该是使总和生育率回升至2.1的更替水平,如乔晓春[②]认为生育政策调整下生育行为是否合适的标准应该是生育率是否回升到更替水平甚至更替水平以上。即理想的生育水平是总和生育率保持2.1的更替水平,父代和子代人数相等,人口规模将处于不增不减、人口年龄结构长期保持不变的静止状态,有利于缓解未来人口老龄化。这不仅是中国人口发展的理想标准,也是经济社会可持续发展

① 乔晓春. 一孩政策后果的历史审视[J]. 学海,2016(1):52—61.
② 乔晓春. 从"单独二孩"政策执行效果看未来生育政策的选择[J]. 中国人口科学,2015(2):29.

的理想选择。持相同观点的学者还包括郭志刚[①]、王军[②]、陈友华[③]。

而国家卫计委副主任王培安[④]提出我国的总和生育率应保持在1.8左右,有利于人口与经济社会、资源环境协调发展。作为生育政策调整的决策者,其观点传递出计划生育主管部门认为中国一定时期内,适度的生育水平应该保持在1.8左右,也可以看作未来生育政策调整的参考标准,即生育水平低于1.8的话,可能会继续放开计划生育政策;如果生育水平高于1.8的话,可能会在未来一段时间内保持生育政策不变,持相同观点的学者还包括翟振武等[⑤]、刘家强等[⑥]。

表8-4 适度生育水平的判断标准

生育政策调整目标	生育率目标	观点
有利于人口结构等问题的改善	总和生育率达到更替水平	计划生育政策对中国人口产生的不利影响体现在出生性别比升高、年龄结构的快速老龄化和无子女老人迅速增加。[⑦]
		生育政策调整的目标是总和生育率回归至更替水平,从而有利于促进出生人口性别比平衡[⑧]、缓解人口少子化和老龄化进程[⑨],促使人口发展进入正常和健康的轨道[⑩]。

---

① 郭志刚. 清醒认识中国低生育率风险[J]. 国际经济评论,2015(2):101—110.

② 王军. 全面二孩实施后人口研究转向[N]. 中国社会科学报,2016-11-23(6).

③ 陈友华. 全面二孩政策与中国人口趋势[J]. 学海,2016(1):62—66.

④ 王培安. 论全面两孩政策[J]. 人口研究,2016(1):2—9.

⑤ 翟振武,李龙. "单独二孩"与生育政策的继续调整完善[J]. 国家行政学院学报,2014(5):51—56.

⑥ 刘家强,唐代盛. "普遍两孩"生育政策的调整依据、政策效应和实施策略[J]. 人口研究,2015(6):3—12.

⑦ 王广州. 从"单独"二孩到全面二孩[J]. 领导科学论坛·大讲堂,2016(2):31—36.

⑧ 李桂芝,崔红艳,严伏林,权少伟. 全面两孩政策对我国人口总量结构的影响分析[J]. 人口研究,2016(4):52—59.

⑨ 郑秉文. 从"高龄少子"到"全面二孩":人口均衡发展的必然选择——基于"人口转变"的国际比较[J]. 新疆师范大学学报(哲学社会科学版),2016(4):24—34.

⑩ 郭志刚. 清醒认识中国低生育率风险[J]. 国际经济评论,2015(2):101—110.

生育政策 调整目标	生育率目标	观点
有利于人口与外部环境相适应	总和生育率保持在1.8左右	人口数量问题仍然是制约社会经济发展的关键性问题之一。① 人口对粮食供给、水资源短缺和能源消费的压力持续存在。②
		2015年15—64岁的劳动年龄人口为10.03亿人,2020年为9.85亿,2030年为9.52亿,2050年为8亿多。现在以及未来都不缺劳动力和人口总量。③

综合以上分析,维持在1.8—2.1之间的总和生育率是有利于人口结构等相关问题的改善,具体表述为从人口对粮食供给的压力、人口与水资源短缺的矛盾和人口与能源消费的平衡关系角度阐述了生育水平的上限,从性别比、年龄结构的老化、少子化和劳动力供给总量等角度阐述了生育水平的下限,得出总和生育率维持在1.8—2.1之间是适度生育水平的判断标准,有利于人口与经济社会、资源环境协调发展,因此1.8—2.1之间的总和生育率可以作为生育政策调整的目标,促进人口长期均衡发展。

8.5　完善生育政策的相关建议

8.5.1　完善"全面两孩"政策实施的配套措施

《国务院关于印发国家人口发展规划(2016—2030年)》(国发

---

① 刘家强,唐代盛."普遍两孩"生育政策的调整依据、政策效应和实施策略[J]. 人口研究,2015(6):3—12.

② 国务院. 国务院关于印发国家人口发展规划(2016—2030年)的通知(国发〔2016〕87)[EB/OL]. 中国政府网,2016.12.30[引用日期2016.03.12],http://www.gov.cn/zhengce/content/2017-01/25/content_5163309.htm.

③ 王培安. 卫计委副主任:中国不缺人口数量,未来一百年都不缺[EB/OL]. 凤凰网,2017.03.11[引用日期2017.03.27],http://news.ifeng.com/a/20170311/50770759_0.shtml.

〔2016〕87 号〕指出我国生育率已较长时期处于更替水平以下,从生育政策调整对总和生育率的影响分析可以看出,即便是"全面两孩"政策下生育水平的上限,总和生育率也不可能超过 2.1。2016—2020年间的生育水平在 1.72—1.84 间的可能性比较大。因此虽然全面两孩政策下生育率出现短期回升,但从长期看生育水平依然存在走低的风险。

究其原因可以发现,二孩的较高养育成本、育龄妇女的职业发展,以及自我追求生活质量等因素约束了二孩的生育意愿和生育行为。为有效促进政策调整后生育水平的回升,政府应完善政策实施的配套措施。首先,如"全面两孩"政策实施后,生育审批应从"控制人口数量"向"倡导按政策生育"转变;在妇幼健康与计生服务体系方面合理配置资源,提升服务能力;长远来看,生育政策调整必然会增加对儿童照料、学前和中小学教育资源需求,需提前预测与规划以防入学难的出现;在低生育率背景下,家庭发展支持体系对维持适度生育水平、促进人口的长期均衡发展至关重要,应建立完善包括生育、养育、青少年发展等在内的家庭发展政策。

8.5.2 实行完全放开的生育政策

结合适度生育水平的标准和学术界对完善生育政策的争论可以看出,不管是基于国外人口发展规律还是人口转变理论,不管是有利于人口结构等问题的改善,还是人口与经济、社会等外部环境的适应,最终关注的焦点在于生育政策调整下生育水平是否达到适度的标准,即通过包括单独二孩和全面两孩在内的生育政策调整,未来一定时期内生育水平是否能达到适度生育水平的标准,以此判断是否需要进一步放开生育政策。适度生育水平的判断标准已在上文进行了阐述,即用 1.8—2.1 之间总和生育率作为适度生育水平的判断标准,那么全面两孩政策下生育水平是否达到了 1.8—2.1 之间适度生育水平的判断标准呢?

　　从不同学者的研究来看,由于被压抑的生育势能的集中释放,会导致短期内全面两孩政策下生育水平达到适度生育水平。但从长期来看,政策下的生育水平低于适度生育水平标准,我国的生育水平存在走低的风险。如翟振武,李龙,陈佳鞠研究显示,全面两孩生育政策调整下的总和生育率预计最高将会达到更替水平,生育累积势能释放后,大约维持在 1.70—1.75 之间。从 2016 年的实际生育数据来看,生育水平也是低于适度生育水平标准的。如国家卫计委公布的最新数据显示新世纪以来总和生育率保持在 1.5—1.6 之间,2016年的总和生育率达到 1.7。[①] 有学者从意愿生育水平的角度证明了全面两孩政策下生育水平低于适度生育水平,甚至有学者警告如果不能及时调整和完善生育政策,中国可能会重蹈日本和韩国的覆辙,最终落入"低生育率陷阱"[②]。

　　因此我们可以判断独生子女政策与人口内在规律之间的矛盾已经对人口发展产生相当大的负面影响,完全不适应所面对的人口新常态。[③] 且生育政策调整不会造成生育率爆发式反弹,而是反弹的高度不够。[④] 我国人口形势已经处于人口系统内部严重失衡的动荡期,正处在极为艰难的发展阶段,正处在非洲高生育率向欧洲低生育率的转变时期,这是人口发展规律使然。[⑤] 生育政策的进一步放开对人口长期均衡发展和人口与经济社会、资源环境协调可持续发展具有

[①] 王培安.卫计委副主任:中国不缺人口数量,未来一百年都不缺[EB/OL]. 凤凰网, 2017.03.11[引用日期 2017.03.27], http://news.ifeng.com/a/20170311/50770759_0.shtml.

[②] 乔晓春.从"单独二孩"政策执行效果看未来生育政策的选择[J]. 中国人口科学,2015 (2):29.

[③] 郭志刚.清醒认识中国低生育率风险[J]. 国际经济评论,2015(2):101—110.

[④] 乔晓春.从"单独二孩"政策执行效果看未来生育政策的选择[J]. 中国人口科学,2015 (2):29.

[⑤] 原新.我国生育政策演进与人口均衡发展——从独生子女政策到全面二孩政策的思考[J]. 人口学刊,2016(5):5—14.

积极意义。

8.6 小结

本章利用学界现有的研究成果,在生育水平维度对包括单独二孩和全面两孩在内的生育政策调整进行了评估,得出不管是实际生育数据、基于生育意愿推测出的未来生育水平,还是国内外人口转变规律都支持生育政策调整"遇冷"的结论。生育政策的"遇冷"从另一方面说明了家庭意愿生育水平的内部约束正在逐步取代国家计划生育的外部控制,成为影响我国未来生育水平的关键因素。

从不同学者关于完善生育政策的争论可看出,目前学界对生育政策持有两种观点:进一步全面放开生育政策和维持全面两孩政策不变,其中主要的分歧围绕着中国人口发展会不会陷入"低生育陷阱"。按照《国务院关于印发国家人口发展规划(2016—2030 年)的通知》把促进人口长期均衡发展的目标分解为实现人口自身均衡发展和与经济社会、资源环境协调发展。结合不同学者的结论,人口长期均衡发展下适度生育水平的判断标准为总和生育率保持在 1.8—2.1 之间。通过适度生育水平的标准、未来生育水平的预测和 2016 年的实际生育数据,可以认定全面两孩的生育政策下生育水平低于适度生育水平,借用原新等学者的观点,生育政策的进一步放开对促进人口自身长期均衡发展和人口与经济社会、资源环境协调可持续发展具有积极意义。

基础养老金收支平衡与制度可持续性

9.1 基础养老金收支平衡的研究结论

养老保险制度长期收支平衡精算模型的构建是建立在对未来人口结构、未来工资和利率预测基础上,因此按照人口模块、经济模块、收入模块和给付模块四个相互联系的精算模块,在一定的假设前提和参数设定下构建收支平衡精算模型。再根据生育政策调整不同方案的城镇参保职工人数和退休职工人数预测结果,按照生育政策不变方案、生育政策调整下生育率"低方案"、生育政策调整下生育率"中方案"和生育政策调整下生育率"高方案"测算得出未来 75 年基础养老金的年度收支变动状况。具体研究结论如下:

9.1.1 人口老龄化将加剧养老保险财务失衡趋势

郑秉文[1]研究发现制度赡养率、综合替代率和平均缴费率三个指标中,制度赡养率对养老保险收支平衡的影响最为显著。郑秉文[2]根

---

[1] 郑秉文.中国养老金发展报告 2012[M],北京:经济管理出版社,2012:80—100.

[2] 同上书,第 104—105 页。

据 2011 年各省份间三个指标的波动幅度研究得出制度赡养率的标准差是平均缴费率标准差的 2.23 倍,是综合替代率标准差的 1.61 倍。

在人口老龄化的背景下,制度赡养率维持一定的高位,并呈现逐年上升的趋势。郑秉文[①]研究发现 2007—2011 年的 5 年间制度赡养率基本维持在 3 个参保在职职工赡养 1 个退休职工水平上。从第 4 章的人口年龄结构变动趋势分析中可以看出无论什么方案下 2016—2100 年间 60＋和 65＋抚养比都呈现波浪上升的趋势。生育政策调整虽然能缓解人口老龄化的趋势,但不能逆转人口老龄化的趋势。与维持原有生育政策不变下的老龄化进程相比,生育政策调整能够降低未来老年人口的抚养比,即对比维持生育政策不变与生育政策调整中方案下的 60＋和 65＋抚养比预测结果可以看出,2100 年抚养比分别下降 0.45 和 0.32,因此生育政策调整是有助于缓解人口老龄化的进程。但中国的整个人口年龄结构不可能再年轻,庞大的老年人口规模、快速的老年人口高龄化趋势以及不断加深的老龄化程度都将是中国必然要面对的未来。

人口老龄化背景下制度赡养率的逐年升高将加剧养老保险财务失衡趋势,从现收现付制的原理可以得出制度赡养率与养老金结余呈负相关关系。如从 2011 年全国各省制度赡养率和养老金结余关系可以看出,制度赡养率呈下降趋势的山东、江苏、浙江和广东省份,其养老金正结余较高;而制度赡养率呈上升趋势的黑龙江、吉林和广西省份,其养老金负结余较高。[②] 因此,无论生育政策是否调整,中国的人口老龄化将加剧养老保险财务失衡趋势。

9.1.2　生育政策不变下基础养老金将面临巨大的支付压力

从资金运行模拟运算结果来看,如果维持现行生育政策不变,

---

① 郑秉文.中国养老金发展报告 2012[M],北京:经济管理出版社,2012:80—100.
② 同上。

2016 年到 2090 年基金养老保险社会统筹基金的收入和支出均呈现上升趋势。就基础养老金征缴收入而言,2016 年收入规模(即不考虑财政补贴)为 17992 亿元,到 2090 年收入规模达到 126702 亿元。从基础养老金支出来看,支出规模从 2016 年的 27983 亿元增加到 2090 年的 470209 亿元。从基础养老金年度性缺口来看,2016 年为 -9991 亿元,随着时间的推移,收支缺口不断扩大,到 2090 年达到 -343507亿元;从基础养老金累计缺口来看,在没有任何财政补贴的情况下,累计缺口将从 2016 年的 -9991 亿元,增加到 2090 年的 -13124639亿元。

此外,如果从基金率这一指标来衡量基础养老金的支付能力的话,可以看出自 2016 年以后,基础养老金的基金率持续走低,2090 年下降到 -27.18。可见基础养老金的支付能力不断下降,制度负债不断加重,基本养老保险体系面临巨大的支付压力。

9.1.3 生育政策调整对基础养老金的影响存在一定的滞后性

生育政策调整对基础养老金收支平衡的影响存在一定的滞后性,生育政策调整下出生人口 15 年后才会陆续进入城镇职工养老保险缴费系统[①],2016 年出生的"二孩"2032 年才会对基础养老金征缴收入逐渐产生影响;生育政策调整下出生人口 60 年后才会陆续进入城镇职工养老保险支付系统[②],2016 年出生的"二孩"2077 年才会对基础养老金支出产生影响。但从整体来看,75 年的预测期内生育政策调整对基础养老金财务状况改善的影响多于恶化的影响。

从人口生育节奏和人口结构变化的长期性和周期性来看,我们对人口政策的调整应具有一定前瞻性,要为长远的人口结构优化留有余地。从现收现付制的原理来看,这种表面上的改善只不过是对基础

---

① 假定城镇职工初始就业年龄为 15 岁。

② 假定城镇职工领取退休金的初始年龄为 60 岁。

养老金财务风险的推迟。在没有外部因素介入下,人口的老龄化趋势不改变,制度赡养率不能减轻,那么养老金财务风险就会一直存在。

9.1.4　生育政策调整能够有效地改善基础养老金财务状况,但不能逆转基础养老金失衡的趋势

相对于基准方案,生育政策调整下生育率"低""中"和"高"方案下年度缺口变化存在一定波动,从累计缺口和基金率变化可以看出,总体上能够不同程度缓解养老保险的支付压力。即生育率低方案下,基础养老金财务收支状况有一定程度的改善;生育率中方案下,基础养老金财务收支状况有明显的改善;生育率高方案下,基础养老金财务收支状况有显著的改善。

1. 生育政策调整对基础养老金收入影响

生育政策调整"低""中"、"高"方案下的征缴收入增长幅度相对于基准方案显著不同。高方案下的收入增长幅度最高,达到 2090 年的将近 275000 亿元;其次是中方案下 2090 年的 200000 亿元;低方案和基准方案下的增长幅度比较接近,相当长的时间内维持在125000 亿—150000 亿元之间。生育政策调整可以增加基础养老金的收入,改善增长停止甚至下降的趋势,从而改善基金的财务状况。

2. 生育政策调整对基础养老金支出影响

从基金支出的变化幅度来看,高方案下的支出增长幅度最高,2090 年支出总量已超过 550000 亿元;其次是中方案下 2090 年的525000 亿元;低方案和基准方案下的增长幅度比较接近,维持在450000 亿—500000 亿元之间。生育政策调整增加基础养老金的支出,只不过这种影响要在 60 年之后,意味着基础养老金财务风险的往后延迟。

3. 生育政策调整对基础养老金年度收支余额的影响

政策调整方案下基金年度收支余额相对于基准方案显著不同。不同方案下收支缺口存在一定的波动,这是由于预测期内总人口年

龄结构的波动引起的,不同生育率方案相对基准方案只是加大了缺口波动的幅度。不同方案下基础养老金年度收支余额 2032 年开始出现差异,高方案下收支余额最高且呈现波动下降,直到 2090 年的接近－300000 亿元;其次是中方案,2090 年余额已经低于－325000亿元;低方案和基准方案余额变动幅度比较相似,2090 年都接近－350000亿元。生育政策调整缓解了基础养老金的年度缺口,生育率越高的方案,缓解程度越高,但逆转不了收支缺口逐步加大的趋势。

4. 不同方案下基础养老金累计余额差异分析

生育政策调整下"高""中"和"低"三个方案相对于基准方案下基金累计收支余额都有不同程度的增加。高方案下累计收支余额增加的幅度最大,2090 年累计结余接近－11000000 亿元,中方案下 2090年累计结余接近－12000000 亿元,低方案下则接近－13000000 亿元,而基准方案下 2090 年累计结余则超过了－13000000 亿元。相对于不同方案下基础养老金年度余额波动下降的变化趋势,累计余额是平滑抛物线式下降,生育政策调整改善了基础养老金的财务状况,生育率越高的方案,改善程度越高,但也逆转不了累计缺口逐步加大的趋势。

9.1.5 实施延迟退休政策可能的影响

本书在已有的基础养老金收支平衡精算模型的基础上,叠加生育政策调整和延迟退休两大因素,分析了预测期内基础养老金收支平衡状况,并对比了延迟退休和不延迟退休下养老金收支余额的变动,得出延迟退休政策对基础养老金收支平衡的定量分析结果。具体的研究结论大致分以下三个方面:

从延迟退休政策对养老保险参保人数的影响来看,可以得出相对于生育政策调整的滞后性,延迟退休可以立即增加城镇职工养老保险的参保职工人数,减少退休职工人数。

通过延迟退休下基础养老金收支年度余额减去不延迟退休下收

支年度余额的年度差值的变动趋势可以看出,其年度差值总体上呈现正向波动上升,叠加生育政策调整的结果可以看出,高方案下年度差值从 2077 年的 107727.8 亿元急剧上升到 2081 年的 140090.3 亿元,然后再下降到 2090 年的 115110.8 亿元;中方案下年度差值变动趋势与高方案下比较类似,也从 2077 年的 103319.8 亿元上升到 2081 年的 117950.0 亿元,然后再下降到 2090 年的 97793.1 亿元;低方案下年度差值先从 2077 年的 99430.4 亿元微幅上升到 2079 年的 100889.8 亿元,然后再缓慢下降到 2090 年的 81052.7 亿元;基准方案下年度差值直接从 2076 年的 97946.6 亿元的阶段高点下降到 2090 年的 75972.3 亿元。

通过延迟退休下基础养老金收支累计余额减去不延迟退休下累计余额的累计差值的变动趋势可以看出,其累计差值总体上呈现正向曲线上升。叠加生育政策调整,高方案下 2090 年累计差值达到 5111166.7 亿元;中方案下 2090 年累计差值达到 4876379.7 亿元;低方案和基准方案下 2090 年累计差值分别达到 4656305.5 亿元和 4573784.9 亿元。

结合延迟退休下基础养老金收支余额的变动趋势可以得出延迟退休在一定程度上改善基础养老金的财务状况,但依然逆转不了预测期内基础养老金收支失衡趋势。而本书采用的延迟退休方案是对基础养老金收支平衡影响最大的“一步式”改革方案,可以想到“渐进式”改革方案对改善养老金财务状况的能力会更小,因此,可以得出不论何种方案的延迟退休改革和生育政策调整都不能改变预测期内基础养老金收支失衡的结论。

9.2　城镇职工基本养老保险基金收支失衡的原因

生育政策调整下的人口因素的变动是职工基本养老保险基金收

支失衡的原因之一,从研究结论可以看出,生育政策调整不能逆转养老金失衡的趋势,因此需要从人口因素之外寻求新的解决养老金财务危机,促进养老保险金收支平衡的办法。

综合现有的研究文献,养老保险金收支失衡的原因大致可分为三个方面:一是制度设计缺陷;二是行政管理缺乏效率;三是人口老龄化外部压力。人口老龄化属于人口因素,是前文探讨的重点,因此下文着重分析制度设计缺陷和行政管理缺乏效率。制度设计缺陷是指制度的设计与养老金精算平衡的制度目标不相符合,即不利于城镇职工基本养老保险制度可持续性发展的制度设计;行政管理缺乏效率是指由于管理不到位而在制度实施过程中产生与养老金精算平衡的制度目标不相符合的结果,体现在双重征缴导致养老金收入不到位、经办机构属地化管理不利于提高统筹层次和各主体之间博弈导致制度成本高企。

9.2.1 城镇职工基本养老保险制度设计缺陷

制度设计缺陷包括缺乏激励机制、缺乏收支自动平衡机制、统筹层次偏低、缺乏有效的基金投资渠道和个人账户制度设计缺陷。其中缺乏激励机制表现在 2015 年缴费的工资基数只有真实工资的60%左右,缴费收入减少了大约三分之一[1],养老保险终止缴费的人数占参保人员的 12.7%[2];企业中断缴费人数在 2011 年增加了22.5%,有 542 万人,高于 10.5%的参保职工增长率[3]等;由于养老金权益计算复杂且不透明,各主体之间信息不对称,缴费与退休金关联性不强,缺乏相应激励机制,偷费逃费的道德风险导致规定缴费收

① 郑秉文. 从做实账户到名义账户——可持续性与激励性[J]. 开发研究,2015(3):1—6.
② 李克强在中国工会第十六次全国代表大会上的经济形势报告[N]. 工人日报,2013 - 11 - 4.
③ 张景春. 2011 年基本养老保险参保情况之最[J]. 中国社会保障,2012(6):11—16.

入与实际缴费收入存在较大差距①。

缺乏收支自动平衡机制表现在没有年度精算报告制度,养老金参数的调整缺乏精算平衡支撑。如在缺乏收支自动平衡机制下,退休待遇的增长加重养老金收支失衡。具体为政府承诺养老金按10%的比例增长,高于缴费的增长,导致养老金收支失衡。以2011年为例,职工退休养老金比2010年增长了10.9%,全国养老金支出增加了1032亿元,养老金上调增长比例占养老金增支额的51.2%,高于由离退休人数增加而增加的养老金占养老金增支额的41.3%。② 养老金参数的调整没有考虑到基金收支精算平衡目标是养老保险收支失衡主要原因之一。

统筹层次偏低表现在大部分仍以县级统筹为主。③ 导致费率水平不统一,基金难以上解到中央、投资体制难以改革、基本养老保险基金不能互相调剂使用、收益率低下等是影响养老金收支平衡的原因之一。④ 如人保部数据显示2016年我国各省之间养老保险基金的运行差异比较大,高的省份能够保障50个月的支付,特别困难的省份当期收不抵支,累计结余也基本上用完。⑤

缺乏有效的基金投资渠道体现在投资渠道狭窄,保值增值无法保证,如2012年90%以上社保基金资产都是银行存款,国债占比不到10%,十几年来社会保险基金投资体制的利率平均每年不到2%,而2001—2010年的通货膨胀率为2.14%。存在每年几万亿养老保险基金的损失。⑥

① 郑秉文. 从做实账户到名义账户——可持续性与激励性[J]. 开发研究,2015(3):1—6.
② 张景春. 2011年基本养老保险参保情况之最[J]. 中国社会保障,2012(6):11—16.
③ 郑秉文. 从做实账户到名义账户——可持续性与激励性[J]. 开发研究,2015(3):1—6.
④ 郑秉文. 供给侧:降费对社会保险性改革的意义[J]. 中国人口科学 2016(3):1—11.
⑤ 中国网. 人社部回应延迟退休方案具体时间表[EB/OL]. 2017.03.1[引用日期 2017.03.20],http://finance.ifeng.com/a/20170301/15219692_0.shtml.
⑥ 郑秉文. 推进养老金投资体制改革迫在眉睫[N]. 中国证券报,2012-1-18(05).

在缺乏大数法则下,存在个人账户不能封闭运行的制度设计缺陷,如继承提前死亡者个人账户资产,与超过平均寿命者超支账户养老金之间的矛盾,造成的缺口则由国家财政兜底;我国个人账户没有动态计发月数表的设计,而静态计发月数无法应对预期寿命延长等外部因素变化所带来的收支失衡的风险,僵化的制度不利于养老金财务可持续性;个人账户难以做实,"空账"等隐性成本成为政府财政的巨大负担。[①]

表9-1　养老保险基金收支失衡的原因:制度设计缺陷

制度设计缺陷	表现
缺乏激励机制	缺乏多缴多得的原则,权益计算复杂且不透明[②]造成中断缴费,提前退休,非正常退休,参保率不高,企业缴费人员占参保职工比例持续下降[③];实际费率低于规定费率和实际费基小于真实费基[④]等道德风险。
缺乏收支自动平衡机制	社会统筹基金的缴费率、替代率和退休年龄未建立与制度赡养率变化相挂钩的自动调节机制[⑤],个人账户系统没有实行动态计发月数表的制度,养老金增长率不断增长等参数的随意变动[⑥]导致养老金收支失衡。
统筹层次偏低	制度碎片化,基金不能互相调剂使用,费率水平不统一,基金难以上解到中央、投资体制难以改革、收益率低下。

① 郑秉文.中国社会保障制度60年:成就与教训[J].中国人口科学,2009(5):1—18.
② 郑秉文.供给侧:降费对社会保险性改革的意义[J].中国人口科学,2016(3):1—11.
③ 赵应文.城镇职工基本养老保险基金"收不抵支"原因分析与对策选择[J].北京社会科学,2013(3):73—80.
④ 郑秉文.从做实账户到名义账户——可持续性与激励性[J].开发研究,2015(3):1—6.
⑤ 同上书.
⑥ 赵应文.城镇职工基本养老保险基金"收不抵支"原因分析与对策选择[J].北京社会科学,2013(3):73—80.

续　表

制度设计缺陷	表现
缺乏有效基金投资渠道	投资渠道狭窄,保值增值无法保证①。
个人账户制度设计缺陷	个人账户不能封闭运行,静态计发月数,个人账户难以做实,国家财政没有承担制度转轨成本②是财务可持续性的重大隐患③。

9.2.2　城镇职工基本养老保险行政管理缺乏效率

行政管理缺乏效率表现在养老保险费双重征缴制度、经办机构属地化管理和各主体之间博弈导致的道德风险发生、制度成本高企、收入不能实现最大化。双重征缴导致养老金收入不到位表现在一些地税部门为完成征缴的额度降低征缴门槛④,把缴费基数由社会平均工资的60%改为40%⑤;经办机构属地化管理不利于提高统筹层次表现在基金管理的地方利益固化,是造成养老金难以发挥资金池的规模效应、投资手段单一、投资收益率低下是财政补贴逐年增加的主要原因之一⑥;郑秉文指出养老保险运行过程中各主体权利与义务不对等,无法实现对彼此都有约束力的合作,这将导致"囚徒困境"次优解,如地方政府与中央政府、政府与企业之间都希望对方承担更多的缴费义务,自己设法逃避应承担的责任,最终导致社会总支出受损⑦。

---

① 赵应文.城镇职工基本养老保险基金"收不抵支"原因分析与对策选择[J].北京社会科学,2013(3):73—80.
② 郑秉文.供给侧:降费对社会保险改革的意义[J].中国人口科学 2016(3):1—11.
③ 郑秉文.从做实账户到名义账户——可持续性与激励性[J].开发研究,2015(3):1—6.
④ 同上书。
⑤ 郑秉文.供给侧:降费对社会保险性改革的意义[J].中国人口科学 2016(3):1—11.
⑥ 郑秉文.从做实账户到名义账户——可持续性与激励性[J].开发研究,2015(3):1—6.
⑦ 郑秉文.供给侧:降费对社会保险改革的意义[J].中国人口科学 2016(3):1—11.

因此,行政管理缺乏效率是导致基本养老保险基金收支失衡主要原因之一。

表 9-2 养老保险基金收支失衡的原因：行政管理缺乏效率

行政管理缺乏效率	表现
双重征缴导致养老金收入不到位	一些地税部门为完成征缴的额度降低征缴门槛。[1]
经办机构属地化管理不利于提高统筹层次	基金管理的地方利益固化,是造成基金难以上解到中央、投资体制难以改革、收益率低下、财政补贴逐年增加的主要原因之一。[2]
各主体之间博弈导致制度成本高企	各主体之间在这种信息不对称下的"囚徒困境"导致道德风险发生,个体理性与集体非理性导致社会总支出受损。[3]

9.3 促进基本养老保险可持续性的措施

基于生育政策调整能够有效地改善基础养老金财务状况,但不能逆转基础养老金失衡趋势的研究结论和养老保险基金收支失衡的原因分析,本书指出应在人口因素基础上寻找促进基本养老保险可持续性的综合措施。

郑秉文[4]认为基本养老保险的挑战主要是如何降低制度成本,提升制度财务的可持续性。而降低制度成本,提升可持续性的思路可以参考三中全会公报中提出的完善个人账户制度、坚持精算平衡原则、提高统筹层次、划拨国有资产、提高退休年龄等措施办法。整合

---

① 郑秉文. 从做实账户到名义账户——可持续性与激励性[J]. 开发研究,2015(3)：1—6.

② 同上书。

③ 郑秉文. 供给侧：降费对社会保险性改革的意义[J]. 中国人口科学 2016(3)：1—11.

④ 郑秉文. 三支柱养老金顶层设计将很快面世[N]. 中国证券报,2017-1-9(11)：1—2.

相应研究结论,本书提出从坚持激励相容的原则,调整相关参数,改革制度结构,建立相关有效子制度,化解转轨成本和提高管理效率六个方面来降低基本养老保险的制度成本,促进基本养老保险的可持续性发展。

9.3.1　坚持激励相容的原则

郑秉文研究发现按照全国大约 33% 制度赡养率、平均 28% 缴费率和 50% 左右的综合替代率精算养老保险制度收支平衡,近几十年的每年应该有几千亿的正常结余才对,但全国基金收支实际结余却"对不上",并解释其主要原因为制度的道德风险。[①] 其进一步利用激励相容理论分析得出养老保险制度横向公平的坚持是负激励的,在强制交易的背景下容易产生道德风险和逆向选择。因此,应该坚持养老保险制度设计的激励相容原则。养老保险制度的激励相容原则是指养老保险制度设计时尽量使个人理性与集体理性相一致,即强调养老保险缴费与权益对等原则,多缴多得,精算中性;强调制度的纵向公平,削弱制度的横向公平。熊锡鸿认为激励相容原则提高了养老保险制度的透明度和可信度,从而增加了养老保险制度名义账户改革的合理性。[②] 其认为激励相容是中国城镇职工基本养老保险制度改革应该坚持的原则。

9.3.2　调整基本养老保险的相关参数

调整基本养老保险的相关参数是指在坚持精算平衡原则下,通过调整制度内相应参数,如延迟退休、制度覆盖率、养老金增长率、动态计发月数表等达到一定时期内养老金收支平衡,通过多缴多得的激励机制提高养老保险制度的收入和给付能力,以增强财务可持续

---

① 尼古拉斯·巴尔,彼得·德蒙德. 养老金改革:理论精要[M].北京:中国劳动社会保障出版社,2013:287—298.

② 熊锡鸿.中国城镇职工基本养老保险改革模式选择与财务可持续性研究[D].中国社科院博士论文,59—60.

性。以制度覆盖率参数为例,可以表述为继续推进基本养老保险"扩面征缴",积极推动制度内该保未保和制度外进城农民工等就业人员参保,在让养老保险惠及更多群体的同时,有利于不同群体不同代际之间分散年老风险,增强制度抵御风险的能力,促进制度的可持续发展。郭永芳提出实现城镇职工基本养老保险制度财务可持续的政策建议包括扩大基本养老保险的覆盖面和调整现有的退休年龄,以降低制度赡养率。[①]

9.3.3　改革基本养老保险制度的结构

改革结构是指在增强激励机制原则的指导下,对现收现付制与基金积累制的融资模式、待遇确定型与缴费确定型的给付方式等不同搭配组合方式的可行性研究,具体表述为实行名义账户改革,鼓励多缴多得;增加制度透明性,降低制度性交易成本;多支柱共同发展,增强制度的保障能力等。如郑秉文指出应从提高制度激励性为出发点,实行名义账户改革,并建议尽量扩大账户规模,因为账户规模越大,激励性和财务可持续性越好[②];赵志刚[③]、刘昌平[④]也建议对不同的账户结构和不同的养老金支柱体系进行改革。其中,郑秉文课题组提出的"全账户＋社会养老金"的名义账户方案最为具体。即将统筹账户与个人账户合并,建立缴费率为 28％的名义账户。加上政府公共财政按社会平均工资的 5％建立社会统筹账户。其利用激励相容理论分析得出名义账户可以提高激励性,提高制度的可持续性。并指出名义账户改革强化了缴费与收益的对应,有利于提高缴费积

---

① 郭永芳. 城镇职工基本养老保险制度财务平衡与可持续性研究[J]. 经济问题,2011(7)：122—125.

② 郑秉文. 从做实账户到名义账户——可持续性与激励性[J]. 开发研究,2015(3)：1—6.

③ 赵志刚. 中国公共养老保险制度的基础整合[J]. 中国软科学,2008(5)：136—139.

④ 刘昌平. 中国基本养老保险"统账结合"制度的反思与重构[J]. 财经理论与实践,2008(9)26—29.

极性。[1]

9.3.4　建立基本养老保险的有效子制度

子制度是指在新的相关领域建立新的制度和机制,从而降低制度成本,增加运行效率。如调整养老保险基金的投资组合,增加基金的收益,建立养老保险基金投资管理制度;遵从精算平衡原则建立养老金待遇水平调整机制,既保证养老金的合理增长,让退休者共享经济发展成果的同时,也要兼顾不同代际之间责任分担合理公平,促进制度的可持续性发展。如郑秉文指出养老保险基金投资体制和正常待遇调整机制长期缺位对养老金的可持续性发展造成了严重挑战[2];李珍[3],方荣军、刘敏[4],刘渝琳、蒲勇健等[5]分别探讨了建立各种子制度的可能性。

9.3.5　提高基本养老保险的管理效率

管理效率是指不同的科层结构和社会分层都关系到社会保障的可持续性问题。可以通过经办机构垂直管理,统一征缴,来增强养老金征缴能力,保证养老金缴费的费基和费率不降低。如李连友和杨方方通过探讨政府作用和政府责任对养老保险经办机构管理效率的影响[6][7];刘昌平提出应规范社会保险费征缴制度,规范养老保险缴

---

① 郑秉文. 中国养老金发展报告 2014——向名义账户制转型[M]. 北京:经济管理出版社,2014:158—170.

② 郑秉文. 从做实账户到名义账户——可持续性与激励性[J]. 开发研究,2015(3):1—6.

③ 李珍. 论建立基本养老保险个人账户基金市场化运营管理制度[J]. 中国软科学,2007(5):13—21.

④ 方荣军,刘敏. 关于我国养老保险投资运营问题的思考[J]. 经济纵横,2007(11):31—33.

⑤ 刘渝琳,蒲勇健. 我国养老保险基金运作现状的 Granger 因果检验及成因分析[J]. 管理世界,2006(2):146—147.

⑥ 李连友. 我国养老保险体制转轨过程中政府作用研究[J]. 财经理论与实践,2004(11):33—38.

⑦ 杨方方. 我国养老保险制度演变与政府责任[J]. 中国软科学,2005(2):17—23.

费基数①;章萍、严运楼指出养老保险基金监管中的政府作用②。基本养老保险经办机构管理效率的提升是养老保险筹资能力的保证,只有在高效的经办机构下,养老保险才能按照制度精算平衡设计的缴费率足额地征缴。

9.3.6　化解基本养老保险制度的转轨成本

因城镇职工养老保险制度改革而产生的转轨成本是影响养老保险制度可持续性的重要因素,其中涉及到个人账户与统筹账户之间的关系。现学界研究成果可分为在现有的财务制度基础上提出化解转轨成本的办法,也有在财务制度改革的基础上提出化解的办法。刘昌平③认为养老保险财务制度的改革形成的转轨成本是养老保险制度改革必须支付的成本,但必须采取制度外措施分离和消化转轨成本。如刘昌平、殷宝明在 2005 制度文件的基础上,测算了基本养老保险制度的收支缺口,得出应提高参保率和严格规范缴费基数以化解由转轨成本带来的收支缺口,促进养老金的收支平衡。④ 化解转轨成本的办法大致可分为三类,一是通过逐年的财政转移支付来逐渐降低转轨成本;二是通过划拨国有资产来化解转轨成本;三是通过发行债券的形式来筹集资金化解转轨成本。具体的测算依据和支付路径可以参考张健⑤,韦玮、刘永涛、潘瑞⑥等研究成果,具体观点如下:

---

① 刘昌平. 养老保险制度"划资偿债"战略研究[J]. 中南财经政法大学学报,2006(4): 103.
② 章萍,严运楼. 政府在养老保险基金监管中的定位[J]. 财经科学,2008(6): 56—62.
③ 刘昌平. 养老保险制度"划资偿债"战略研究[J]. 中南财经政法大学学报,2006(4): 103.
④ 刘昌平,殷宝明. 中国基本养老保险制度财务平衡与可持续性研究——基于国发[2005] 38 号文件形成的城镇基本养老保险制度[J]. 财经理论与实践,2011(1): 19—24.
⑤ 张健. 关于做实养老保险个人账户的研究[J]. 上海经济研究,2007(6): 80—84.
⑥ 韦玮,刘永涛,潘瑞. 养老保险隐性债务的偿还及其政策探讨[J]. 经济体制改革,2006 (2): 144—147.

表9-3 促进基本养老保险可持续性的措施

降低制度成本	具体措施
参数调整,坚持精算平衡原则	延迟退休①,降低社会保险费率②,支出方面建立待遇调整规则,制定调节系数③;扩大覆盖面④,降低制度赡养率,应对人口老龄化。
结构改革,增强激励机制	尽量扩大账户规模,实行名义账户改革⑤;收入方面强化激励机制,鼓励多缴多得⑥;完善筹资机制,增加制度透明性,降低制度性交易成本⑦。
建立有效的子制度	提高统筹层次,调整养老保险基金的投资组合,增加基金的收益⑧。
提高管理效率	经办机构垂直管理,统一征缴,来增强养老金征缴能力,保证费基和费率不降低。
消化转轨成本	通过分离制度转轨成本,采取制度外措施,如划拨国有资产⑨,发行债券等方式做实个人账户⑩,消化转轨成本。

---

① 郭永芳. 城镇职工基本养老保险制度财务平衡与可持续性研究[J]. 经济问题,2011(7):122—125.

② 郑秉文. 从做实账户到名义账户——可持续性与激励性[J]. 开发研究,2015(3):1—6.

③ 郑秉文. 对养老保险制度全面深化改革的思考[N]. 中国劳动保障报,2015-12-8(03):1—3.

④ 郭永芳. 城镇职工基本养老保险制度财务平衡与可持续性研究[J]. 经济问题,2011(7):122—125.

⑤ 郑秉文. 从做实账户到名义账户——可持续性与激励性[J]. 开发研究,2015(3):1—6.

⑥ 郑秉文. 对养老保险制度全面深化改革的思考[N]. 中国劳动保障报,2015-12-8(03):1—3.

⑦ 郑秉文. 中国社会保障制度60年:成就与教训[J]. 中国人口科学,2009(5):1—18.

⑧ 郭永芳. 城镇职工基本养老保险制度财务平衡与可持续性研究[J]. 经济问题,2011(7):122—125.

⑨ 郑秉文. 三支柱养老金顶层设计将很快面世[N]. 中国证券报,2017-1-9(11):1—2.

⑩ 刘昌平. 养老保险制度"划资偿债"战略研究[J]. 中南财经政法大学学报,2006(4):103.

9.4 小结

总的来说,从养老保险制度长期收支平衡精算模型测算得出未来 75 年基础养老金的年度收支变动状况可以看出基础养老金已经出现了收不抵支,且呈现逐年扩大的趋势。总结现有的学术成果得出城镇职工基本养老保险基金收支失衡的原因主要为基本养老保险制度设计缺陷,基本养老保险制度行政管理缺乏效率和人口年龄结构老化的外部影响。整合相应研究结论,得出可以从坚持激励相容的原则,调整基本养老保险的相关参数,改革制度结构,建立有效子制度,提高管理效率和化解转轨成本六个方面来降低基本养老保险的制度成本,促进基本养老保险的可持续性发展。

参考文献

1. 中文文献

［1］ 蔡昉. 中国计划生育政策弊端渐显[J]. 远东经济评论,2007.

［2］ 崔红艳,徐岚,李睿. 对 2010 年人口普查数据准确性的估计 [J]. 人口研究(1).

［3］ 陈卫. 2000 年以来中国生育水平评估[J]. 学海,2014(1).

［4］ 陈卫. 中国 2010 年总和生育率的再估计[J]. 人口研究,2014 (6).

［5］ 陈卫,张玲玲. 中国近期生育率的再估计[J]. 人口研究,2015 (2).

［6］ 陈迅,韩林,杨守鸿. 基本养老保险基金平衡测算及平衡状态分析[J]. 中国人口科学,2005.

［7］ 陈友华. 全面二孩政策与中国人口趋势[J]. 学海,2016(1).

［8］ 邓大松,刘昌平. 中国养老社会保险基金敏感性实证研究[J]. 经济科学,2001(6).

［9］ 封进. 中国人口年龄结构与养老保险制度的福利效应[J]. 南方经济,2006(11).

［10］ 方荣军,刘敏. 关于我国养老保险投资运营问题的思考[J]. 经济纵横,2007.

［11］郭永芳. 城镇职工基本养老保险制度财务平衡与可持续性研究［J］. 经济问题，2011.

［12］国务院关于完善企业职工基本养老保险制度的决定［EB/OL］. 中国政府网，2005. 12. 3［引用日期 2016. 03. 12］，http：//www. gov. cn/zhuanti/2015-06/13/content_2878967. htm.

［13］国务院关于机关事业单位工作人员养老保险制度改革的决定［EB/OL］. 中国政府网，2005. 1. 14［引用日期 2016. 03. 21］，http：//www. gov. cn/zhengce/content/2015-01/14/content_9394. htm.

［14］国务院关于建立统一的企业职工基本养老保险制度的决定［EB/OL］. 中国政府网，1997. 07. 16［引用日期 2016. 03. 12］，http：//www. gov. cn/ztzl/nmg/content_412509. htm.

［15］郭志刚. 关于生育政策调整的人口模拟方法探讨［J］. 中国人口科学，2004(2).

［16］郭志刚. 孩次递进比的计算与调整生育指标的理解［J］. 中国人口科学，2006(5).

［17］郭志刚. 六普结果表明以往人口估计和预测严重失误［J］. 中国人口科学，2011(6).

［18］郭志刚. 清醒认识中国低生育率风险［J］. 国际经济评论，2015(2).

［19］郝娟，邱长溶. 2000 年以来中国城乡生育水平的比较分析［J］. 南方人口，2011(5).

［20］河南新闻广播. "上班族速看！这次社保调整后，你的收入会增加吗？"［EB/OL］. 2016 - 11 - 02［引用日期 2016 - 03 - 12］http：//mp. weixin. qq. com/.

［21］何平. 中国养老保险基金测算报告［J］. 社会保障制度，2001(3).

[22] 胡晓义. 走向和谐：中国社会保障发展 60 年[M]. 北京：中国劳动与社会保障出版社,2009.

[23] 靳永爱. 低生育率陷阱：理论、事实与启示[J]. 人口研究,2014(1).

[24] 贾康,张晓云,王敏,段学仲. 关于中国养老金隐性债务的研究[J]. 财贸经济,2007(9).

[25] 姜向群. 人口老龄化对退休金负担影响的量化研究[J]. 人口研究,2006(3).

[26] 吉祥,王裕明,余伶. 延长退休年龄必要性的经济学分析[J]. 劳动保障世界,2009(6).

[27] 可持续性是中国养老金制度的"第一命题"[N]. 中国证券报,2011.12.26,A18 版.

[28] 刘昌平. 可持续发展的中国城镇基本养老保险制度研究[M]. 北京：中国社会科学出版社,2008.

[29] 刘昌平. 中国基本养老保险"统账结合"制度的反思与重构[J]. 财经理论与实践,2008(9).

[30] 刘昌平. 养老保险制度"划资偿债"战略研究[J]. 中南财经政法大学学报,2006(4).

[31] 刘昌平,殷宝明. 中国基本养老保险制度财务平衡与可持续性研究——基于国发[2005]38 号文件形成的城镇基本养老保险制度[J]. 财经理论与实践,2011(1).

[32] 林宝. 人口老龄化对城镇企业职工基本养老保险制度的影响[J]. 中国人口科学,2010(1).

[33] 林宝. 延迟退休年龄对养老金资金平衡的影响[J]. 财经问题研究,2014(12).

[34] 林宝. 人口老龄化与城镇基本养老保险制度的可持续性[M]. 北京：中国社会科学出版社,2014.

［35］李彪. 加快推进社保改革, 延迟退休明年有望启动［N］. 每日经济新闻, 2016.

［36］劳动和社会保障部中国养老保险基金测算课题组. 中国养老保险基金测算报告［J］. 社会保险研究, 2001.

［37］劳动保障部法制司, 劳动保障部社会保险研究所, 博时基金管理有限公司. 中国养老社会保险基金测算与管理［M］. 北京: 经济科学出版社, 2001.

［38］李芳. 老龄化背景下我国城镇养老金收支缺口问题及对策研究［D］. 上海师范大学, 2014.

［39］李汉东, 李流. 中国 2000 年以来生育水平估计［J］. 中国人口科学, 2012(5).

［40］李军. 我国基本养老保险转制中的困境研究［J］. 西南民族大学学报, 2005(12).

［41］李连友. 我国养老保险体制转轨过程中政府作用研究［J］. 财经理论与实践, 2004(11).

［42］李克强在中国工会第十六次全国代表大会上的经济形势报告［N］. 工人日报, 2013 - 11 - 4.

［43］李绍光. 深化社会保障改革的经济学分析［M］. 北京: 中国人民大学出版社, 2006.

［44］刘渝琳, 蒲勇健. 我国养老保险基金运作现状的 Granger 因果检验及成因分析［J］. 管理世界, 2006(2).

［45］李珍. 社会保障理论(第二版)［M］. 北京: 中国劳动与社会保障出版社, 2007.

［46］李珍. 与其"明债暗偿"不如"明债明偿"［J］. 中国社会保障, 2000(5).

［47］李珍. 论建立基本养老保险个人账户基金市场化运营管理制度［J］. 中国软科学, 2007(5).

［48］ 骆正清,陈周燕,陆安.人口因素对我国基本养老保险基金收支平衡的影响研究[J].预测,2010(2).

［49］ 马骏.中国国家资产负债表研究[M].北京:社会科学文献出版社,2012.

［50］ 马瀛通,王彦祖,杨叔章.递进人口发展模型的提出与总和递进指标体系的确立[J].人口与经济,1986(1).

［51］ 尼古拉斯・巴尔,彼得・德蒙德.养老金改革:理论精要[M].北京:中国劳动社会保障出版社,2013.

［52］ 乔晓春.PADIS-INT 人口预测模型经验算法研究[A]."人口预测与动态监测经验算法与省级应用"研讨会论文[C],北京:2014 - 10 - 24.

［53］ 乔晓春."单独二孩"政策下新增人口测算方法及监测系统构建[J].人口与发展,2014(1).

［54］ 乔晓春.从"单独二孩"政策执行效果看未来生育政策的选择[J].中国人口科学,2015(2).

［55］ "人民日报详解养老金上调 6.5％是如何确定的"[EB/OL].人民日报,2016.04.17[引用日期 2016 - 03 - 12],http://business.sohu.com/20160417/n444550009.shtml.

［56］ 孙博,董克用,唐远志.生育政策调整对基本养老金缺口的影响研究[J].人口与经济,2011(2).

［57］ 索寒雪.渐进式延迟退休方案将适时出台最终年龄或锁定 65 岁[N].中国经营报,2016.12.5(02).

［58］ 石智雷,杨云彦.符合"单独二孩"政策家庭的生育意愿与生育行为[J].人口研究,2014(5).

［59］ 王广州.影响全面二孩政策新增出生人口规模的几个关键因素分析[J].学海,2016(1).

［60］ 王鉴刚.养老保险收支平衡及其影响因素分析[J].人口学刊,

2000(2).

[61] 王金营,戈艳霞.全面二孩政策实施下的中国人口发展态势[J].人口研究,2016(6).

[62] 王金营,戈艳霞.2010年人口普查数据质量评估以及对以往人口变动分析校正[J].人口研究,2013(1).

[63] 王培安.卫计委副主任:中国不缺人口数量,未来一百年都不缺[EB/OL].凤凰网,2017.03.11[引用日期2017.03.27],http://news.ifeng.com/a/20170311/50770759_0.shtml.

[64] 王培安.论全面两孩政策[J].人口研究,2016(1).

[65] 王培安.实施全面两政策人口变动测算研究[M].北京:中国人口出版社,2016.

[66] 王晓军,任文东.我国养老保险的财务可持续性研究[J].保险研究,2013(4).

[67] 王燕,徐滇庆,王直,翟凡.中国养老金隐性债务、转轨成本、改革方式及其影响——可计算一般均衡分析[J].经济研究,2001(5).

[68] 王晓军.中国养老金制度及其精算评价[M].北京:经济科学出版社,2000.

[69] 王军.全面二孩实施后人口研究转向[N],中国社会科学报,2016-11-23(6).

[70] 韦玮,刘永涛,潘瑞.养老保险隐性债务的偿还及其政策探讨[J].经济体制改革,2006(2).

[71] 新华社.十三五规划纲要发布(全文)[EB/OL].凤凰网,2016.03.17[引用日期2016.03.18],http://news.ifeng.com/a/20160317/47926128_2.shtml.

[72] 新华社.授权发布:中共中央关于全面深化改革若干重大问题的决定[EB/OL].新华网,2013.11.15[引用日期2016.03.

12〕, http://news. xinhuanet. com/politics/2013-11/15/c_118164235. htm.

[73] 薛惠元,王翠琴. 现收现付制与基金制的养老保险制度成本比较——基于养老保险收支平衡数理模型[J]. 保险研究,2009(11).

[74] 熊锡鸿,中国城镇职工基本养老保险改革模式选择与财务可持续性研究[D],中国社科院博士论文.

[75] 徐逸君. 改变或不:我国退休年龄是否需要变革——由上海市实行"弹性"退休制度引发的思考[J]. 劳动保障世界,2011(4).

[76] 延迟退休方案今年出台[EB/OL]. 凤凰资讯,2016.3.1[引用日期 2016. 03. 21〕, http://news. ifeng. com/a/20160301/47639780_0. shtml.

[77] 杨凡,赵梦晗. 2000 年以来中国生育水平的估计[J]. 人口研究,2013,(2).

[78] 杨方方. 我国养老保险制度演变与政府责任[J]. 中国软科学,2005(2).

[79] 于洪,钟和卿. 中国基本养老保险制度可持续运行能力分析——来自三种模拟条件的测算[J]. 财经研究,2009(9).

[80] 殷俊,黄蓉. 人口老龄化视角下的基础养老金长期精算平衡研究[J]. 统计与决策,2013(13).

[81] 袁磊. 延迟退休能解决养老保险资金缺口问题吗?[J]. 人口与经济,2014(4).

[82] 原新. 我国生育政策演进与人口均衡发展——从独生子女政策到全面二孩政策的思考[J]. 人口学刊,2016(5).

[83] 杨再贵. 公共养老金的 OLG 模型分析:原理和应用[M]. 北京:光明日报出版社,2010.

[84] 亚洲开发银行. 韩国今后 20 年的平均经济增长率为 3. 9%

［EB/OL］.2010－10－01［引用日期 2016－03－12］,http：//world. kbs. co. kr/chinese/news/news_Ec_detail. htm? No＝29037&id＝Ec.

［85］郑秉文.中国养老金发展报告 2014——向名义账户制转型［M］.北京：经济管理出版社,2014.

［86］郑秉文.中国养老金发展报告 2015——"第三支柱"商业养老保险顶层设计［M］.北京：经济管理出版社,2015.

［87］郑秉文.中国养老金发展报告 2016——"第二支柱"年金制度全面深化改革［M］.北京：经济管理出版社,2016.

［88］郑秉文,张锋.中国基本养老保险个人账户基金研究报告［M］.北京：中国劳动社会保障出版社,2012.

［89］郑秉文.中国养老金发展报告 2012［M］.北京：经济管理出版社,2012.

［90］郑秉文.从做实账户到名义账户——可持续性与激励性［J］.开发研究,2015(3).

［91］郑秉文.推进养老金投资体制改革迫在眉睫［N］.中国证券报,2012－1－18(05).

［92］郑秉文.中国社会保障制度 60 年：成就与教训［J］.中国人口科学,2009(5).

［93］郑秉文.供给侧：降费对社会保险性改革的意义［J］.中国人口科学,2016(3).

［94］郑秉文.对养老保险制度全面深化改革的思考［N］.中国劳动保障报,2015－12－8(03).

［95］郑秉文.三支柱养老金顶层设计将很快面世［N］.中国证券报,2017－1－9(11).

［96］赵斌,原浩爽.我国基础养老金财务平衡与可持续性分析——基于财政合理支付视角［J］.财经科学,2013,(7).

［97］张景春. 2011 年基本养老保险参保情况之最［J］. 中国社会保障,2012(6).

［98］张健. 关于做实养老保险个人账户的研究［J］. 上海经济研究,2007(6).

［99］中国社会科学院经济研究所课题组. 金融危机背景下的就业形势［J］. 国内外经济动态,2009(19).

［100］中国网. 人社部回应延迟退休方案具体时间表［EB/OL］. 2017. 03. 1［引用日期 2017. 03. 20］,http：//finance. ifeng. com/a/20170301/15219692_0. shtml.

［101］中共中央关于全面深化改革若干重大问题的决定［EB/OL］. 中国政府网,2005. 11. 15［引用日期 2016. 03. 12］,http：//www. gov. cn/jrzg/2013-11/15/content_2528179. htm.

［102］中华人民共和国社会保险法［EB/OL］. 中央政府网,2010. 10. 28［引用日期 2016. 03. 12］,http：//www. gov. cn/zxft/ft209/content_1748773. htm.

［103］中华人民共和国人力资源与社会保障部. 关于制止和纠正违反国家规定办理企业职工提前退休有关问题的通知(劳社部发〔1999〕8 号)［EB/OL］. 政府网,1999. 03. 09［引用日期 2016. 03. 18］,http：//www. mohrss. gov. cn/gkml/xxgk/201407/t20140717_136210. htm.

［104］专家：渐进式延迟退休年龄应对老龄化具可操作性［EB/OL］. 凤凰资讯,2016. 3. 1［引用日期 2016. 03. 21］,http：//news. ifeng. com/a/20160301/47639780_0. shtml.

［105］张鹏飞,陶纪坤. 全面二孩政策对城镇职工基本养老保险收支的影响［J］. 人口与经济,2017(1).

［106］章萍,严运楼. 政府在养老保险基金监管中的定位［J］. 财经科学,2008(6).

［107］张琴,郭艳.延迟退休对养老基金的后续影响：找寻可选方案［J］.改革,2015(7).

［108］朱勤.2000—2010 年中国生育水平推算——基于"六普"数据的初步研究［J］.中国人口科学,2012(4).

［109］张思锋,王立剑,张文学.人口年龄结构变动对基本养老保险基金缺口的影响研究——以陕西省为例［J］.预测,2010(2).

［110］张熠.延迟退休年龄与养老保险收支余额：作用机制及政策效应［J］.财经研究,2011(7).

［111］赵应文.城镇职工基本养老保险基金"收不抵支"原因分析与对策选择［J］.北京社会科学,2013(3).

［112］赵志刚.中国公共养老保险制度的基础整合［J］.中国软科学,2008(5).

［113］翟振武,李龙,陈佳鞠.全面两孩政策对未来中国人口的影响［J］.东岳论丛,2016(2).

［114］翟振武.中国出生人口的新变化与趋势［J］.人口研究,2015(2).

［115］翟振武,张现苓,靳永爱.立即全面放开二胎政策的人口学后果分析［J］.人口研究,2014(2).

［116］2017 年延迟退休年龄最新规定［EB/OL］.搜狐教育,2017.2.3［引用日期 201.02.20］,http://learning.sohu.com/20170203/n479860531.shtml.

2. 英文文献

［1］ Board of trustees of the Federal Old-Age and Survivors Insurance and Disability Insurance Trust Funds (may 31, 2013), the 2013 Annual Report of the Board of trustees of the Federal Old-Age and Survivors Insurance and Disability

Insurance Trust Funds Communication. Washington, D. C. , p. 11.

[2] BREYER F, HUPFELDS. On the fairness of early-retirement provisions [J]. *German Economic Review*, 2010,11(1).

[3] CREMER H, PESTIEAU P. The double dividend of postponing retirement [J]. *International Tax & Public Finance*, 2003,10(4).

[4] Dang, T. , Antolin, T. P. , Oxley, H. . Fiscal Implication of Ageing: Projections of Age-related Spending [J]. *Organization for Economic Cooperation and Development* (OECD), 2001,(9).

[5] *European Commission, Green Paper, Towards Adequate, Sustainable and Safe European Pension Systems, Brussels* [M]. Luxembourg: Publications Office of the European Union, 2010.

[6] Firouz Cahvari. Pensions and fertility : in search of a links [J]. *Int Tax Public Finance*. 2009(16).

[7] Giuseppe Rizzo. Fertility and pension systems [J]. *Munich Personal RePEc Archive*, 2010.

[8] Larry Willmore. Population ageing and pay-as-you-go pension [J]. *Ageing Horizons. Oxford Insitute of Aging*, 2004 (1).

[9] Robert Holzmann,Robert Palacios and Asta Zciniene,Implicit Pension Debt: Issues, Measurement and Scope in International Perspective, Social Protection Discussion Paper Series No. 040 [J]. *3, Social Protection Unit, Human Development Network, the Word Bank*, March 2004.

[10] Roel M. W. J. Beetsma, A. Lans Bovenberg, Ward E. Romp, Funded pensions and intergenerational and international risk sharing in general equilibrium [J]. *Journal of International Money and Finance*, Volume 30, Issue 7, November 2011.

[11] United Nations, Department of Economic and Social Affairs, Population Division (2015). World Population Prospects: The 2015 Revision.

[12] Visco I.. Ageing and Pension System Reform: Implications for Financial Markets and EconomicPolicies [J]. *Report Prepared at the Request of theDeputies of the Group of Ten*, 2005.

[13] *World Bank, Averting the Old Age Crisis: Policiesto Protec the Old and Promote Growth* [M]. New York: Oxford University Press, 1994.

[14] Yan Wang, Dianqing Xu, Zhi Wang, Fan ZhaiOptions and impact of China's pensionreform: a computable general equilibrium analysis [J]. *Journal of Comparative Economics*, 2004,32.

[15] Yvonne Sin,China Pension Liabilities and Reform Options for Old Age Insurance [J]. *Working Paper Series*, Paper No, 2005 - 1. The World Bank, Washington D. C. , USA, May 2005: 30.

图书在版编目(CIP)数据

生育政策调整与基础养老金收支平衡/薛君著. —上海：上海
三联书店,2019.9
ISBN 978 - 7 - 5426 - 6614 - 7

Ⅰ.①生… Ⅱ.①薛… Ⅲ.①人口政策-影响-养老保险制
变-研究-中国 Ⅳ.①F842.67

中国版本图书馆 CIP 数据核字(2019)第 025178 号

生育政策调整与基础养老金收支平衡

著　　者／薛　君

责任编辑／郑秀艳
装帧设计／一本好书
监　　制／姚　军
责任校对／王凌霄

出版发行／上海三联书店
　　　　　(200030)中国上海市漕溪北路 331 号 A 座 6 楼
邮购电话／021 - 22895540
印　　刷／上海肖华印务有限公司

版　　次／2019 年 9 月第 1 版
印　　次／2019 年 9 月第 1 次印刷
开　　本／890×1240　1/32
字　　数／180 千字
印　　张／7.375
书　　号／ISBN 978 - 7 - 5426 - 6614 - 7/F・786
定　　价／48.00 元

敬启读者,如发现本书有印装质量问题,请与印刷厂联系 021 - 66012351